세계의 미래를
가장 먼저 만나는
대한민국

세계의 미래를 가장 먼저 만나는 대한민국

우리 모두가 별처럼 빛나는 나라

이광재 엮음

메디치

세계 미래 1번지, 대한민국의 과제

위대한 대한민국의 꿈을 꾼다. 세계의 미래를 가장 먼저 만날 수 있는 나라가 되는 것. 그 미래는 인간의 존엄과 가치가 드높고 '창업국가'를 통해 기회가 넘치며 마음껏 도전할 수 있는 곳이다. 창조적인 '균형외교'를 통해 한반도를 둘러싼 4강인 미·중·일·러의 박수를 받으며 평화와 번영을 누리는 곳, '국민통합'으로 공정과 연대가 있는 따뜻한 곳, 백 없고 힘 없는 국민들에게 든든한 곳, 그런 곳이 바로 대한민국이었으면 좋겠다.

그러나 현재는 어떤가? 대한민국의 주인인 국민의 삶이 불안하다. 10대는 대학입시, 20대는 취업 문제, 30대는 내 집 마련, 40대는 구조조정의 공포, 50대는 퇴출의 공포로 각각 불안해 하며, 60대 이후에는 노후 가난과 건강 문제로 불안한 삶을 이어가고 있다. 문제는 경제다. 전문가들은 그 원인을 일자리와 불평등에서 찾는다. 일자리 문제의 해결은 시장이 주도하고 국가가 지원하는 방식이 바람직하다. 불평등 문제

를 완화하는 최선의 방법은 복지이며, 성장과 복지의 선순환 구조가 필
요하다.

강대국에 둘러싸인 대한민국의 외교는 중대한 갈림길에 서 있다. 김
홍규 교수의 말대로 앞으로 20~30년 동안 미국과 중국은 우리의 운명
에 막대한 영향을 끼칠 것이다. 한미동맹을 기초로 중국과 긴밀히 협력
하고, 더 나아가 한·중·일이 참여하는 동북아정상회의를 만들어내야 한
다. 그래야 우리의 운명이 근본적으로 바뀔 수 있다.

그러려면 정치혁명이 일어나야 한다. 그래서 전문가들에게 길을 묻
기 시작했다. 많은 사람을 만나 정치혁명으로 가는 길을 묻고, 치열하게
토론했으며, 그 과정을 이 책에 담았다. 이는 전적으로 국민이 가장 행
복한 나라를 만들기 위해서다. 평생복지가 이루어지고 불평등과 격차
가 없는 나라, 유능한 정부가 경영하고 세계에서 존경 받는 나라, 국가균
형발전으로 전 국토가 희망이 되는 나라 그리고 마지막으로 지구상에서

여전히 미지의 세계로 남아있는 우주와 바다, 생명 그리고 가상세계에서 과학기술혁명을 일으키는 나라로 가기 위해서다.

정치혁명은 바로 그 시작이다. 세계 일류인 대한민국 국민은 산업화와 민주화를 뛰어넘어 국민이 행복한 나라, 세계인의 박수를 받는 나라를 원하고 있다. 이제는 자신만이 옳다고 주장하는 신념의 정치를 넘어 문제를 해결하는 유능한 정치를 원한다는 안병진 교수의 이야기에 공감한다. 그래서 시대교체, 세대교체, 선수교체가 필요하다. 예전에는 산업화·민주화가 목적이라 사람이 간과되는 측면도 있었지만, 이제는 사람 중심의 시대로 교체돼야 한다. 디지털 세대인 2030세대가 역사의 전면에 등장해서 산업화·민주화의 주역들과 함께하는 세대교체의 신호탄을 쏴야 한다. 이념과 배경은 뒤로 하고 정말 능력 있는 선수들이 국가경영에 참여하게 해야 한다.

일자리와 복지는 경제의 양대 축이다. 특히 그중에서도 일자리가 중요하다. 국민이 땀 흘려 모은 국민연금 등 공적자금 1,970조 원과 민간기업 사내유보금 900조 원을 '뉴딜'과 '투자'로 이루어지도록 해서 진취적인 일자리를 만드는 '창업국가'가 돼야 한다. 그리고 창직創職의 나라가 돼야 한다. 게임, 웹툰, 웹소설, 사진, 영상 등 문화의 시대가 펼쳐지고 있다는 김서준 대표의 말을 곱씹을 필요가 있다. 카카오 1억 명, 네이버 라인 1억 8,000명, 제페토 2억 명 등 수많은 사람이 온라인 콘텐츠를 이용하고 있다. 이런 힘을 모아서 디지털 경제·문화 영토 10억, 20억 명을 향해 도전해야 한다. 마지막으로 '문화관광 5천만 명 시대를 열어야 한다. 굴뚝 없는 최고의 산업이자 취업유발 계수가 가장 높은 브랜드 산업인 관광업을 증진해야 숙박, 식당 등 자영업과 지역경제가 살아날 수 있다.

'평생복지' 사회를 실현하는 것 또한 중요한 과제다. 일자리, 소득, 주거, 교육, 의료, 돌봄, 문화로 구성된 '삶의 질 국민행복 지표'를 만들어야 한다. 평가 지표가 생기면 국민의 행복이 정치인의 성적표가 되는 변화를 이끌 수 있다. 국민의 행복이 정치인의 성적표가 되는 국민행복시대를 열어야 국민이 편하게 살아갈 수 있다. 또한 국민 세금 지출혁명을 이뤄내야 한다. 5년 동안 사용한 저출산 고령화 예산이 212조 원에 달하지만 가시적인 성과를 만들지 못했다.

양동수 대표가 던진 화두인 주거 걱정 없이 살고 출퇴근에 소요되는 시간이 적으며 주거와 일, 휴식, 공동체가 근처에 있도록 도시를 구성하는 방법도 고민해볼 만하다. 그러려면 미국처럼 주거와 도시만을 연구하는 '주택도시부' 같은 특별한 국가조직도 필요해 보인다. '학교 아파트'를 통해 육아 부담도 줄이고 최고의 교육을 제공해야 한다. 홍윤철 교수가 말했듯이, 학교 주변에 주거와 돌봄시설을 복합화해서 아이가 졸업할 때까지 살 수 있도록 주거와 교육을 결합하면 주택과 육아문제를 동시에 해결할 수 있다.

대학생들은 취업이 어렵다고 하고, 기업들은 인력난에 시달리고 있다. 마강래 교수의 말처럼 대학 안팎에 주거단지와 기업이 들어선다면 '대학도시'를 통해 일자리와 주거 문제를 함께 해결할 수 있다. 더 나아가 균형발전과 지방의 성공도 담보할 수 있을 것이다.

'기회가 많은 나라'를 만들어야 유능한 정부라 할 수 있다. 새로운 정부는 미국의 실리콘밸리나 중국의 선전, 이스라엘처럼 더 강한 벤처, 창업국가를 지향해야 한다. 네덜란드처럼 변하면 대한민국의 농산어촌은 일어설 수 있고, 싱가포르처럼 혁신하면 독일 수준의 나라가 될 수 있다.

김태유 교수가 말했듯이 이제는 한 곳만 바라보고 쫓아가던 산업화 시절, 즉 '북극성의 시대'는 지나고 4차 산업혁명과 함께 '은하수의 시대'가 찾아왔다. 이제는 누구나 마음만 먹는다면 '별'이 될 수 있는 시대다. 모든 사람이 혁신할 기회를 얻고, 이를 실현할 수 있는 환경을 만들어줘야 한다.

유능한 정부는 '공정한 사회'를 만들 수도 있어야 한다. 세금은 공정해야 하며, 샐러리맨에게 세금 혜택을 줘야 한다. 서민과 중소기업에게 더 유리한 금융서비스가 제공되어야 한다.

공동체가 살아 있는 사회를 만드는 것도 유능한 정부가 해야 할 일이다. 전자정부를 넘어 인공지능(AI) 정부를 구현해야 한다. 검찰개혁을 이루어내고, 가짜 뉴스를 확실히 근절하며, 공동체를 파괴하는 범죄는 엄중하게 다룰 수 있어야 한다.

국민통합이라는 과제도 유능한 정부라면 풀어낼 수 있을 것이다. 분열된 대한민국을 통합으로 이끌 수 있어야 한다. 김호기 교수의 말처럼 대통령은 외교·안보·국방을 비롯한 핵심과제만 수행하며, 내치는 총리에게 맡기는 행정적인 변화도 필요하다. 선거구제를 바꾸어 유능한 인물은 전국 어디에서든 당선될 수 있도록 해야 한다. 또한 한반도 북쪽에 번영의 불빛이 켜지도록 해서 동서남북으로 육로가 막힌 섬나라의 운명을 끝내고, 대륙 국가의 시대를 맞이할 때도 됐다.

과거 중국의 진나라, 그리스, 네덜란드, 영국, 미국 모두 변방의 나라였지만, 융합과 혁신으로 문명의 주인공이 됐다. 그런 위대한 꿈을 모두가 함께 꾸어나가는 세상이 되었으면 좋겠다. 그러려면 혁신의 역사로

부터 배워야 한다. 김대중 전 대통령은 벤처와 IT경제 시대를 개척했고, 노무현 전 대통령은 개방형 통상국가 비전과 균형발전시대를 열었다. 그리고 지금 문재인 대통령은 한국판 뉴딜 시대를 열고 있다. 이런 정신과 성과를 앞으로 계속 이어나가고 성공시켜야 한다.

사람이 만나면 생각이 모이고, 생각이 모이면 사상이 생기며, 사상이 생기면 세상을 바꿀 힘이 생긴다. 이 아홉 번의 대담을 통해서 그런 진리를 깨닫게 됐다. 이 책에 등장하는 혁신적이면서도 진솔한 아이디어가 많은 사람들의 공감을 받고 널리 퍼졌으면 좋겠다. 개인적으로는 '밥이 법보다 위에 있다'는 계호스님의 말씀처럼 국민들의 의식주를 풍요롭게 해주는 정치가로 거듭나고자 한다.

2021년 6월
이광재

Part I

유능한 정부

1장

차기 대통령, 경제·외교 식견과 '핵심 의제' 갖춰야

대담자: 이광재·김호기·안병진

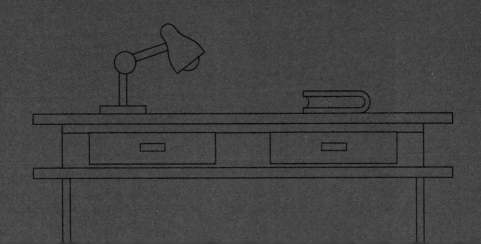

김호기
연세대학교 교수

1960년 경기도 양주에서 태어나 연세대학교 사회학과와 동 대학원 사회학과를 졸업했다. 독일 빌레펠트 대학교에서 사회학 박사학위를 받았다. 미국 UCLA 사회학과 및 Center for Korean Studies 방문학자로 연구활동했으며, 참여연대 협동사무처장으로 일하기도 했다. 현재 연세대 사회학과 교수이자 좋은 정책포럼 운영위원장, 한국정치사회학회 부회장을 맡고 있다. 주요 저서로는 《현대 한국 지성의 모험》《논쟁으로 읽는 한국 현대사》《한국의 현대성과 사회변동》《말, 권력, 지식인》《세계화 시대의 시대정신》 등이 있다.

안병진
경희대학교 교수

1967년 대구 출생으로 서강대학교 사회학과를 졸업했다. 서울대학교 정치학과에서 석사학위를 받았고, 미국 New School for Social Research에서 박사학위를 받았다. 박사학위 논문(미국 정치)으로 한나 아렌트상을 수상했다. 현재 경희대학교 미래문명원 교수이며 미래문명원장과 총장실 정책실장, 사이버대 부총장을 역임했다. 경향신문 정기 칼럼니스트이고 생태 문명 비영리기구NGO인 지구와 사람의 학술위원장으로도 활동 중이다. 주요 저서로는 《미국은 그 미국이 아니다》《코로나19 동향과 전망》《예정된 위기》《미국의 주인이 바뀐다》 등이 있다.

2021년을 규정하는 한국 사회의 시대 담론은 무엇일까? 혹자는 모든
세대를 관통하는 키워드로 불안과 불만, 분노를 손꼽는다. 불공정, 불평등
문제도 2030세대의 이슈가 된 지 오래다. 그래서인지 지난 70여 년간
추진해온 산업화, 민주화의 연장선상에서 복지국가를 추구해야 한다는
지적이 가슴에 와닿는다.

이번 대담은 김호기 연세대 교수(사회학과), 안병진
경희대 교수(미래문명원)와 함께 시대정신을 화두로 삼아
혁신·성장·복지·정치의 위기·대통령 리더십 등을 논의했다.
우리 세 사람은 차기 대통령에게는 경제·안보에 대한 깊이 있는 식견이
필요하다는 점에 공감했다.

김 교수는 "대통령이라면 마음속에 '적어도 5년 동안 대한민국을 이런
방향으로 발전시키겠다'는 핵심 의제를 두세 개쯤 가지고 있어야 한다"고
말했다. 안 교수 역시 "차기 대통령은 미국 존 F. 케네디 전 대통령처럼
다양한 옵션을 놓고 각계 전문가나 청와대 수석들과 끝장토론을 할 만한
실력과 식견을 갖춰야 한다"고 말했다.

정치 위기와 사회 불안의 해소

이광재 의원(이하 이광재)　오늘은 한국을 대표하는 문명학자, 사회학자
　　　　인 두 분과 함께 '2021년도 시대정신은 무엇인가'라는 주제로
　　　　이야기를 나눠보겠습니다. 먼저 김호기 교수님께 묻겠습니
　　　　다. 20세기 한국 사회의 시대정신은 산업화, 민주화로 대표할
　　　　수 있는데요. 그다음 시대정신은 무엇이라고 생각합니까? 우
　　　　리 시대의 화두를 어떻게 정립해야 할까요?

김호기 교수(이하 김호기)　1987년 민주화 이후 시대정신의 경연장은
　　　　역대 대선이었습니다. 우리나라 같은 대통령중심제 국가에
　　　　선 대통령의 역할과 권한이 제일 중요하기 때문에 대통령선
　　　　거를 전후로 시대정신에 관한 치열한 토론이 이루어지곤 했
　　　　습니다.

　　　　예컨대 2007년 대선에선 '선진화'가 제시됐죠. 당시 이명
　　　　박 후보는 선진 일류 국가를 내세웠습니다. 2012년 대선 때는
　　　　두 개의 시대정신이 크게 주목 받았습니다. 박근혜 후보와 문
　　　　재인 후보가 경쟁했는데 하나가 경제 민주화였고 다른 하나
　　　　가 복지국가였습니다. 경제 민주화는 사실 민주화의 하위개
　　　　념이라고 볼 수 있죠.

　　　　복지국가라는 시대정신이 우리 사회에 본격적으로 제시된
　　　　건 2012년 대선이었습니다. 2017년 대선은 박근혜 대통령의
　　　　탄핵으로 비상 대선이었고요. 박근혜 체제라고 하는 구시대
　　　　적 정치의 극복이 1차 과제였기 때문에 다른 어떤 시대정신

이 크게 부각되지 않았습니다. 그래서 민주화 이후에 제시된 대표적인 시대정신을 꼽으라면 저는 선진화, 복지국가라고 생각합니다. 선진화가 보수 담론이라면 복지국가는 진보 담론이라고 볼 수 있지 않을까요?

안병진 교수(이하 안병진)   제 생각에 현시대의 복잡성을 포착하는 담론이 아직 나오지 않은 것 같습니다. 저는 영화나 TV 드라마로 비유를 많이 하는 편입니다. 우리 의식 세계의 혼란을 굉장히 잘 보여주는 드라마들이 최근에 종영됐거나 혹은 방영 중인 〈괴물〉〈빈센조〉〈모범택시〉〈대박부동산〉이라고 생각합니다. 뭔가 분노를 표출하고 싶은데 기득권의 실체가 뭔지 알 수 없는 모호성이 가득한 상황극입니다. 조금 더 정치·심리학적으로 보면 기득권의 실체를 흔들고 유동하게 만들고 싶은 심리가 깔려 있죠. 이런 시대정신을 한 문장으로 표현하자면 가수 나훈아가 부른 〈테스 형!〉의 한 소절 "테스 형, 세상이 왜 이래"라고 외치는 막연한 불안감일 것 같습니다.

이광재   지금은 남녀노소 모두 불안한 것 같아요. 4차 산업혁명, 디지털 시대가 성큼 다가왔는데 평균수명이 100세라고 합니다. 2030세대는 일자리가 부족한데 부동산값은 턱없이 올라갔죠. 저출생·고령화 때문에 한국 경제가 발전 동력을 잃을까봐 불안하고요. 이런 불안감들을 극복하려면 경제·사회적으로 기회가 많아지고 안전판이 있어야 합니다. 기회라는 측면에서 보면 여야 정당이 현금을 주는 방식의 복지를 이야기하고 있지만, 막상 경제를 발전시키겠다는 성장 담론은 보이지 지금은 남녀노소 모두 불안한 것 같아요. 2030세대는 일자리가 부족한데 부동산값은 턱없이 올라갔죠. 저출생·고령화 때문에 한국 경제가 발전 동력을 잃을까 봐 불안하고요. 이런 불안감들을 극복하려면 경제·사회적으로 기회가 많아지고 안전판이 있어야 합니다.

않습니다. 진보 쪽에서는 성장 담론을 '기업이 하는 거라 필요 없다'고 이야기하고요. 두 분은 어떻게 생각하시나요?

김호기   성장 담론에 관한 진보 시각에는 시장의 영역, 기업의 영역이란 평가가 있긴 하지만, 꼭 그렇지는 않습니다. 오늘날 정부와 시장은 대단히 긴밀한 관계를 맺고 있습니다. 정부가 어떻게 하느냐에 따라서 시장이 활력을 가질 수도 잃을 수도 있으니까요. 그래서 정부와 시장을 완전히 분리하는 이분법적 사고는 바람직하지 않습니다. 일반적으로 진보라고 하면 성장보다 분배나 복지를 강조한다고 생각하죠. 시간이란 변수를 고려하면 분배나 복지가 원활하게 이루어지기 위해서라도 꾸준히 성장해야 합니다. 성장과 분배를 일종의 선순환 구조로 봐야 합니다.

또 하나, 선순환 전략이 필요합니다. 대외 개방, 대내 복지

의 선순환이 필요한 것이죠. 저는 이중二重의 선순환이라고
더러 이야기합니다. 우리나라의 인구는 5,180만 명 정도입니
다. 어찌 보면 내수 시장이 작은 편입니다. 한국 경제는 일정
부분 세계 시장에 의존할 수밖에 없습니다. 통상通商 선진화
를 통해 얻은 이익으로 대내 복지를 확충하는 것이 매우 중요
한 국가 과제입니다.

안병진 모든 건 마음의 공간, 사고의 공간에서 출발합니다. 조금 더
성찰해보면 한국의 진보 진영이 많은 성취를 이뤄냈지만, 우
리가 추구했던 민주화에는 혁신이라는 진정한 진보주의의 정
수精髓가 담겨 있지 않았습니다. 이 의원님께서는 공화共和에
도 관심이 많다고 알고 있습니다. 공화주의의 핵심은 김영란
법 같은 문제가 아니라 모든 삶과 기업, 시민사회의 활력입니
다. 그 활력은 곧 혁신이고요. 혁신적인 유전자DNA가 우리 사
회구조 속에 얼마나 박혀 있을까요? 저는 부정적입니다.

서구의 리버럴Liberal은 보수가 따라갈 수 없는 수준의 혁
신이 몸에 배어 있어요. 진보 진영에서 새로운 방식의 대선 캠
페인을 한다고 상상해보죠. 그것을 본 삼성 임직원들이 '아,
우리도 이런 방식으로 해야겠다'고 생각할 정도가 아니라면
그건 진보의 방식이 아닙니다. 진보는 영감을 주고 사고를 전
환시키고 미래의 틈새를 만들어야 합니다.

김호기 간략히 덧붙이자면 우리가 보수 대 진보를 나누는 일종의 대
립 쌍들이 여러 가지 있습니다. 자유 대 평등, 성장 대 복지, 국
가 대 시장, 개인 대 공동체, 안정 대 변화, 이런 것들에 대해서

새로운 정치적 상상력이 필요합니다.

이광재   그렇게 하려면 20세기 패러다임^{Paradigm}을 넘어서야 합니다. 20여 년 전 고 김대중 대통령은 일찌감치 벤처 경제를 주창하고, 생산적 복지라는 파격적 개념을 내놓았습니다. 고 노무현 대통령은 개방형 통상국가라는 기치 아래 한·미 자유무역협정^{FTA}을 추진하고 오늘날 기본소득 같은 기초노령연금을 도입했습니다. 요즘에는 왜 이런 혁신적인 발상을 발견하기 어려울까요? 기본적으로 민주화를 얘기하다 보니 기존 생각에 저항하려는 의식만 팽배해 있고, 새로운 변화에는 오히려 둔감해진 것이 아닐까요? 가상자산, 주 52시간 노동을 대하는 태도를 보면서 더욱더 그런 생각이 듭니다. 요즘 이른바 혁신 경제에 속한 사람과 기존 생산라인에서 일하는 사람 사이에 차이가 생겼습니다.

김호기   지구적 차원에서 진행되는 변화들은 우리 사회에도 내재화돼 있습니다. 그런데 우리가 이것을 제대로 읽지 못하고 통찰하지 못한 것 같아요. 보통 2008년 금융위기를 대침체라고 이야기합니다. 독일의 사회학자 볼프강 슈트렉도 이를 거대한 후퇴로 보았고요. 인류가 지금까지 도도하게 전진해왔다가 금융위기 이후에 한발 물러섰다는 의미입니다.

     또 다른 측면에서 보자면 지난 10여 년은 끝없는 혁신의 과정이었습니다. 이를 가장 잘 보여주는 것이 미국의 정보경제학자들이죠. 앤드류 맥아피와 에릭 브린욜프슨이 쓴 책《머신 플랫폼 크라우드》에 그런 내용이 잘 담겨 있습니다. 여기서 머신은 인공지능입니다. 플랫폼은 멀리 갈 필요도 없죠. 오늘날 세계경제를 이끄는 애플, 구글, 아마존, 페이스북이 바로 플랫폼 기업입니다. 크라우드는 군중, 즉 집단지성입니다. 이 세 개가 지금 끝없는 변화를 가져오고 있습니다. 이런 것들은 젊은 세대에 무척 익숙하지만 기성세대에겐 낯선 것들이죠.

끝없는 변화로 사회학의 영역에서는 초연결이 나타났습니다. 소위 포스트-트루스(탈진실) 현상 때문에 사실보다 신념이 더 중요해졌습니다. 이와 연관돼 부족주의·집단주의·포퓰리즘(인기영합주의)이 강력하게 부상했습니다. 이런 변화들은 금융위기 이후에 발생한 겁니다. 적어도 김대중·노무현 정부 때만 하더라도 진보 세력이 나름대로 유연하게 지구적 변화를 추적하면서 한국적 대안을 만들었습니다. 그에 비해 지금은 빠른 속도로 진행되는 지구적 변화를 제대로 못 쫓아가고 있는 것 같습니다. 보수도 마찬가지고요.

안병진 요즘 서양 경영학에서는 동양의 불교나 오래된 정신 전통들을 최신 트렌드로 녹이려 하고 있습니다. 제가 굉장히 좋아하는 학자 중 매사추세츠 공과대학교MIT에 오토 샤머라는 경영학자가 있습니다. 《본질에서 답을 찾아라》에서 오토 샤머는 "결국은 마음의 공간에서 출발해야 된다"고 주장합니다. 보수든 진보든 세상에 대한 호기심과 의지, 열린 가슴을 가지고 있지 않으면 현상 유지 세력일 뿐이라는 거죠. 오토 샤머가 특히 강조하는 부분이 있습니다. 불안하지만 미래로 틈새를 만들어내는 것을 '전환'이라고 합니다. 현재의 보수·진보는 열린 세상에 대한 호기심이 없습니다. 그래서 메타버스라든지 가상자산 같은 것에 호기심이 없는 겁니다. 이런 주제들을 이해하지 못한다면 알려는 노력부터 해야 하는데 마치 잘 알고 있다는 듯이 착각하고 세상을 통제하려는 태도가 문제입니다.

김호기 그건 일종의 작은 반작용 같습니다. 진보 세력이 적극 대처하지 못하고 대안을 개발하지 못한 내적 원인도 있습니다. 이념 경쟁이라는 게 작용과 반작용이잖아요. 김대중·노무현 정부 때만 하더라도 세계 시간과 한국 시간의 격차가 거의 없었습니다. 그 후 두 번의 보수 정부가 들어섰는데 하나는 뉴라이트 정부였고 다른 하나는 권위주의적인 박정희 체제를 그리워하는 정부였죠. 그 속에서 진보도 한국 보수에 대응해 1987년 이전에 민주화 세력이 가졌던 본래 자세로 되돌아간 것 같습니다. 그래서 문재인 정부의 진보 정체성을 보자면, 김대중·노무현 정부와 달리 세계 시간과 한국 시간과의 격차가 상당히 벌어진 듯합니다.

이광재 요즘 꽤 많은 젊은이들이 50대 이상 세대가 아직도 20세기에 머물러 있다고 생각합니다. 첫 번째 이유로 김대중 대통령은 DJP(DJ+JP) 연합을 했습니다. 강봉균 장관처럼 YS(김영삼) 정부에 있던 사람을 쓰기도 했고요. 일종의 이종교배를 했던 거죠. 노무현 대통령도 젊은 피를 대거 수혈해 386세대가 그때 발현됐습니다. 그런데 지금은 다시 흑백 TV 시대로 돌아간 것 같습니다. 386세대들은 정치 중심부에 올라왔는데 과

거 3김金처럼 새로운 세대의 에너지를 빨아들이지 않고 있고
요. 진보와 보수 양쪽 모두 정체 현상을 겪으며 새로운 시장
과 기술을 이해하지 못한다는 게 요즘 2030세대의 평가입니
다. '당신네들도 잘 모르면서 왜 우리한테 모른다고 하느냐'
하는 부분도 또 하나의 세대적 단층 현상이라 봅니다.

안병진 DJP 연합과 관련해 삐딱한 이야기일지도 모르겠지만, 과연
30여 년이 지난 지금 우리 정치인에게 (DJ처럼) 세상을 진심
으로 바꾸고자 하는 의지가 있는지 묻고 싶습니다. 저는 없다
고 봅니다. 김대중 대통령인들 DJP 연합을 정말 좋아서 했을
까요? 한국을 바꾸고 싶어서 그랬던 거죠. 정의당의 장혜영
의원이 진정으로 법안을 통과시키고자 하는 절실한 마음에
보수 야당인 국민의힘 의원들의 방을 일일이 찾아갔다고 합
니다. 그런 행동이야말로 진심으로 세상을 바꾸려는 사람이
할 수 있는 행위가 아닐까요.

그런 점에서 20대에 대한 태도나 혁신에 대한 태도 등 다양한 측면에서 세상을 진심으로 바꾸고자 한다면 진정성을 갖고 서로 같이할 부분이 많다고 봅니다. 일단 처절한 반성부터 해야 하고요. 수십 년간 어디에서 혁신이 나왔습니까? 진정성을 가진 반골反骨이나 주변부에서 나왔지 주류에서는 나오지 않았습니다.

김호기　한마디 더하자면 우리 시대의 정치에 위기가 심화됐습니다. 정치의 가장 중요한 기능은 한 사회의 최종 의사결정입니다. 안 교수님 이야기를 들으면서 가장 먼저 떠올랐던 게 막스 베버의 《직업으로서의 정치》였습니다. 우리가 주의해야 할 부분은 막스 베버가 '신념 윤리'와 '책임 윤리'를 구분했던 겁니다. 신념 윤리란 말 그대로 옳고 그름의 윤리입니다. 책임 윤리는 결과에 책임 지는 윤리입니다.

이것을 가장 잘 보여준 사례가 2003년 당시 조지 W. 부시 정부가 요청한 이라크전쟁 파병 건이었죠. 노무현 대통령의 정치적 정체성을 보면 당연히 파병 요청을 거부해야 했습니다. 그러나 노 대통령은 정치가입니다. 우리 같은 연구자들이야 신념 윤리만 중시하면 되지만, 정치가는 결과와 함께 책임 윤리까지 고민해야 합니다. 그래서 국회에 가서 파병 요청 연설을 했죠. 우리나라 정치인이 책임 윤리를 실천한 대표 사례입니다. 자기 뜻에 반해서 공동체 전체의 가치와 이익을 위해 의사결정을 했던 것입니다.

최근 한국 정치를 보면 책임 윤리가 실종된 것 같아요. 신

념 윤리만 존재합니다. 보수 관점에서 옳고 그름, 진보 관점에서 옳고 그름, 이렇게만 따지다 보니 이 의원님이 말했던 DJP 연합과 같은 담대한 정치가 부재한 것입니다. 이것이야말로 정치의 위기를 초래한 원인이고 장차 대한민국의 국가 위기로 직결될 문제입니다.

이광재　김호기 교수님은 정치의 위기를, 안병진 교수님은 세상 변화에 대한 진정성을 지적했습니다. 제가 보기에도 한국 정치가 요즘 새로운 세계에 담을 쌓고 있기는 하죠. 저는 정치의 위기와 관련해 권력과 정치가 결별한 상태라고 생각합니다. 권력이란 무엇을 할 수 있는 힘이고, 정치는 무엇을 결정하는 능력인데 정치를 통해 뭔가 바꾸려 노력하는 게 아니라 서로 자기 권력만 탐하고 있는 거죠. 그래서 국민 생활이 갈수록 어려워졌고 정치의 위기를 심화시킨 것 같습니다. 김 교수님이 지적한 신념 윤리와 책임 윤리는 적절한 설명이었습니다.

　정치권이 국민의 불안을 어떻게 해결해야 할지 고민하게 됩니다. 여야 정당에서 내놓는 해법이 재정을 풀어 돈을 준다는 것입니다. 국민의 삶을 개선하는 실사구시 정치를 추구해야 할 텐데 큰 그림을 그리지 못하고 있는 것 같습니다.

　1930년대 미국이 대공황을 겪는 동안 프랭클린 루스벨트 대통령은 경제·사회적 질서를 근본적으로 바꾸고 미국을 세계 최강국으로 올려놓았습니다. 우리 정치권도 나라의 미래를 바꿀 만한 담대한 구상을 경쟁적으로 내놓으면 얼마나 좋을까요.

김호기 국민의 불안을 부추기는 원인이 무엇인지 제대로 짚어봐야
합니다. 불안은 세대별로 선명하게 드러납니다. 10대의 불안
은 대학 입시, 20대의 불안은 취업이죠. 30대의 불안은 구조
조정 위험 같은 것이고, 40대의 불안은 미국 사회학자인 리처
드 세닛이 만든 말인데 '퇴출의 공포'입니다. 쓸모없음에 대한
두려움이죠. 50대 이후의 불안은 노후일 겁니다.

　가장 핵심적인 사안은 두 가지라고 봅니다. 하나는 일자리
문제고, 또 다른 하나는 불평등 문제입니다. 일자리는 시장이
주도하고 국가가 결합하는 방식이 바람직합니다. 즉 민간 일
자리와 공적 일자리가 상호 결합해 안정적인 노동시장을 만들
어야 합니다. 국가 차원에서 경제성장이 필요한 부분이죠. 불
평등을 완화하는 가장 좋은 방법은 복지입니다. 이런 측면에
서 기본소득을 부정할 필요는 없다고 봅니다. 기본소득은 복
지가 아니라 경제정책이기도 하고 국민 불안을 해소하는 하나

의 해법이 될 수 있습니다. 비록 완전한 해법이 아니지만요.

안병진   기본소득은 나름의 족보도 있고 상당히 의미 있는 해법입니다. 그것을 도입하는 방안 중에 높은 수준의 기본소득, 단계적 기본소득, 기후 위기 대처나 돌봄 등 사회적으로 유용한 활동에 소득을 보장하는 참여소득이 있습니다. 안타까운 게 있다면 이런 아이디어들을 낳는 공통 지반과 서로 합의가 가능한 부분은 무엇인지와 관련된 논쟁이 발전하지 못하고 있는 상황입니다. 이제 대통령선거가 1년 남짓 남았는데 그 기간에 이에 대한 대논쟁을 벌였으면 좋겠습니다.

이광재   굉장히 좋은 지적입니다. 이재명 경기도지사가 기본소득을 주장하고, 이낙연 전 대표는 신복지 체제를 이야기합니다. 어떤 분은 청년에게 기본자산을 만들어줘야 한다고 주장합니다. 사실 이런 것들이 대립하는 개념이 아니라는 거죠. 서로 논쟁하면서 가장 최적화된 방안을 찾아내기 위해 좀 더 토론하고 현장에서 실험해볼 필요도 있습니다. 기본소득을 찬성하면 선이고 반대하면 악이고 이럴 일은 아닙니다. 지금으로선 한국형 복지에 가장 최적화된 제도를 모색해야 할 때가 아닌가요?

김호기   맞습니다. 논쟁의 기본 구도가 무척 중요합니다. 복지국가에 대한 문제의식이 본격화된 계기는 2011년 서울시장 보궐선거를 전후해서 벌어졌던 무상급식 논쟁이었습니다. 그때 복지 담론의 기본 구도는 보편복지 대 선별복지였습니다. 사실 이것은 잘못된 구도입니다. 복지국가에서 대표적인 기본 권리가 교육과 의료입니다. 당연히 보편복지를 해야 합니다. 국민 중에서 특정한 돌봄이 필요한 사람들, 예를 들어 나이 많은 어르신, 저소득층 자녀 같은 취약계층에겐 선별복지를 해야 하고요.

좋은 복지국가가 되려면 보편복지와 선별복지가 효율적이고 생산적으로 잘 결합해야 합니다. 기본소득과 다른 복지정책의 관계도 마찬가지라고 봅니다. 한쪽에 기본소득이 있고 다른 한쪽에 전 국민 고용보험이 따로 맞서는 것처럼 싸우면 바람직한 논쟁 구도가 아닙니다. 2022년 3월 대선을 앞두고 약 10개월 정도 치열한 경쟁이 펼쳐질 텐데 이 과정에서 한국형 복지국가 모델에 어느 정도 합의하기를 바랍니다.

이광재 말씀하셨듯이 선별이냐 보편이냐는 서로 대립하는 문제가 아닙니다. 기본소득과 이낙연 대표의 신복지 체제도 충돌하는 부분이 아니고요. 타인의 생각을 폭넓게 받아들이는 문화가 결국 한국 사회를 진화시킬 것입니다. 조선시대에는 제사를 며칠 지낼 것인가를 놓고 삼족을 멸했습니다. 이런 양상을 극복하는 것이 앞으로 큰 과제입니다.

외교 전략 강화와 국제 리더십

이광재 다음 주제로 넘어가겠습니다. 지금까지 국민의 삶이 불안하다는 점에 관해 이야기했다면 이제는 국가의 판이 흔들리는 사안에 대해 이야기해보려 합니다. 미·중 간 본격적인 경쟁과 갈등이 일어나고 있고, 기후 위기가 본질적인 문제로 다가왔습니다. 디지털 세계도 마찬가지고요. 코로나19 백신 하나만 놓고 보더라도 백신 외교로 가는 외교 전쟁 측면이 있고, 또 하나는 백신을 만들 수 있는 국가가 될 수 있느냐 없느냐 하는 경쟁력 측면이 있습니다. 두 개를 다 가져야 우리가 생존할 수 있습니다. 국가 존립 기반과 세계질서의 변화에 대해서는 어떤 해법을 찾아야 할까요?

안병진 두 가지 측면에서 앞으로 1년간 큰 논쟁이 되고 일정한 합의와 로드맵이 필요합니다. 먼저 우리는 미·중 신냉전에 대해 어떤 준비가 돼 있습니까? 처참할 정도로 준비가 안 돼 있습니다. '미국과 중국에 관해서 얼마나 알고 있는가?' 하는 물음도 마찬가지입니다. 저는 대단히 회의적입니다. 보수 정부가 들어서든 진보 정부가 들어서든 미·중 간 경쟁에 대해 대학과 국가, 민간의 싱크탱크 차원에서 적극적으로 전략을 짜고 구슬을 꿰듯이 전략을 잘 모아서 실행해야 합니다.

또 하나는 진보 진영의 외교·안보 전략이 뉴노멀New Normal에 맞춰서 진화해야 합니다. 미국 바이든 행정부는 중국과 경쟁을 단순한 경쟁이 아니라 미국이라는 나라가 살아남느냐 마느냐 하는 존재의 위협으로 보고 있습니다. 부정할 수 없는 사실이에요. 우리도 진화해야 합니다. 미국이 시키는 대로 하자는 건 전략이 아닙니다. 그리고 이와 동시에 국제정치학자들이 질문에 답해야 합니다. '신냉전이라는 뉴노멀에서

우리의 기존 전략적 모호성을 진화시키는 제3의 길은 무엇인
가?' 하는 질문 말이죠. 이번 대선 때 이에 관한 화두를 던지
지 않는 대선 후보들, 기존의 외교·안보 노선을 모호하게 반
복하는 후보들은 어떻게든 전면적으로 문제제기를 해야 할
것입니다.

김호기 과제 측면에서 세 가지만 말씀드릴게요. 노무현 대통령께서
이렇게 말씀하셨습니다. "우리에게 가장 중요한 두 가지는
외교와 경제다. 외교와 경제를 빼고는 어떻게 해도 좋다"라
고요. 우리나라 정도의 인구와 국토 크기를 가진 국가에서 외
교의 중요성은 아무리 강조해도 지나치지 않습니다. 팬데믹
와중에서 백신을 둘러싼 정치 문제들을 좀 다른 개념으로 보
자면 국제정치의 국내화입니다. 2150년까지 미국과 중국이
패권 경쟁으로 격렬하게 충돌하리라고 봅니다. 그렇다면 우
리는 어떻게 해야 할까요? 우리가 한·미 관계는 동맹 관계라

고 이야기하고, 한·중 관계는 동반자 관계라고 이야기합니다. 안미경중(安美經中·안보는 미국, 경제는 중국)이라는 말입니다. 그래서 첫 번째 과제는 '이런 상태를 계속 유지할 것인가 말 것인가, 한·미 관계와 한·중 관계를 어떻게 설정할 것인가?' 하는 물음을 토대로 국가 전략을 짜야 합니다.

두 번째 과제는 세계화입니다. 코로나19 팬데믹은 탈세계화, 세계화의 후퇴를 불러왔습니다. 21세기 들어 나타난 경제 측면의 세계화는 글로벌 밸류체인(가치사슬)이란 말 자체가 상징적으로 보여주듯이 어느 한 나라도 그 체인에서 빠질 수 없게 됐습니다.

반면, 정치 세계화는 포퓰리즘에 기반을 둔 민족주의가 강렬하게 분출하면서 팬데믹 이전으로 후퇴했습니다. 상징적으로 보여주는 것이 트럼프 정부의 리쇼어링Reshoring 정책이었죠. 팬데믹 중에서 가장 인상적으로 봤던 것이 2020년 4월 마스크 대란이었습니다. 전 세계적으로 부족해지니까 마스크 확보를 둘러싸고 국가 간에 분쟁 비슷한 수준까지 나아갔습니다. 그 순간 저는 연구자로서 '세계화가 얼마나 허구였고, 이른바 글로벌 거버넌스라는 것이 얼마나 미화됐는가'를 생생히 느낄 수 있었습니다. 그래서 세계화에 대해서도 새롭게 전략을 마련하고 구축해야 한다는 점이 두 번째 과제입니다.

세 번째 과제는 글로벌 환경 위기입니다. 이 중 가장 핵심적인 과제는 기후 위기입니다. 팬데믹 이후에 우리나라가 즐겨 쓰는 말 중 하나가 '선도국'입니다. 우리가 선진국이라고 자부하기에 2% 부족해서 이런 말이 나온 것 같습니다. 어쨌든 의학적 방역을 위시해서 우리가 세계 여러 나라를 선도하고 있는 것은 분명합니다. 우리나라가 선도국이라면 선도국답게 글로벌 위기에 기여해야 합니다. 이제는 우리보다 더 가난하고 어려운 나라를 선도국에 걸맞게 적극적으로 도와줄 시점이라고 생각합니다.

대통령의 역할과 청와대 조직 개편

이광재 앞서 김호기 교수님께서 제안한 것처럼 선별복지냐 보편복지냐를 놓고 충돌할 때가 아닌 것 같습니다. 2022년 대선을 앞두고 또 하나 짚어볼 부분은 개헌 문제와 권력 구조 개편입니다. 경제와 외교, 특히 외교가 미·중 패권 경쟁 시대를 맞아 갈수록 중요해졌습니다. 노무현 대통령께서도 일찍이 한국 대통령은 외교 문제, 남북 문제에 집중하고 대통령 과제로 한두 가지 하고 싶은 일을 하되 내치 분야는 대부분 총리에게 맡겨야 이 나라가 제대로 될 거라는 말씀을 하셨습니다.

우리나라가 장차 외교와 경제에 강한 리더십을 구축해야 하는데 미국에서 하자는 대로 끌려가도 곤란하지만 그렇다고 한·미 동맹의 궤도를 이탈해서도 안 됩니다. 국가 장래를 위해 외교 분야의 리더십을 어떻게 구축해야 할까요? 차기 대선 과정에서 이런 논의를 어떻게 숙려해나갈 수 있을까요?

김호기 외교가 정말 중요해졌습니다. 대미·대중 관계도, 세계화에 관한 새로운 대응도 중요하고요. 기후 위기에 적극 대처하는 문제도 매우 시급합니다. 대통령의 자질 측면에서 경제와 외교에 깊이 있는 식견이 필요합니다. 차기 대선이 10개월밖에 남지 않았습니다. 여야의 유력 후보감으로 이재명 지사나 윤석열 전 총장 등이 거론되고 있지만, 이 분들이 외교 분야에서 충분한 역량을 갖고 있다고 보기는 좀 어렵습니다. 한반도가 놓인 지리적 위치가 정치·경제에 미치는 영향을 고려해볼 때 국익과 평화를 어떻게 결합할 것인지 적극적으로 고민해야 합니다.

안병진 노무현 대통령의 말씀에 200% 동의합니다. 오히려 그 당시보다 외교적으로 더 절박한 시대를 맞이했죠. 저는 요즘 '우리나라가 지금 위대한 기회를 맞이했다'고 얘기합니다. 대한민국은 산업화, 민주화로 성공한 자유민주주의 국가입니다. 이제부터는 국내에서 가장 중요한 과제인 불평등을 해결하고, 국제적으로는 자유민주주의 질서를 위해 일정한 역할을 해야 하는 단계에 와 있습니다. 이것은 대한민국 대통령이 앞장서야 할 중요한 과제입니다. 미국 존 F. 케네디처럼 다양한 외교 선택을 놓고 각계 전문가와 청와대 수석과 함께 끝장토론을 할 만한 식견과 실력을 갖춰야 합니다.

시스템도 바꿔야 합니다. 총리나 비서실장이 상당한 권한과 힘을 가지고 실제 현장 속에서 로드맵을 제시하고 실천해야 하며 대통령은 몇 가지에 집중해야 합니다. 그렇게 하려면 총리든 비서실장이든 이원 체계를 이뤄야 합니다. 분권형 시스템이 된다면 한국 사회가 조금은 나아질 겁니다.

역으로 두 분께 여쭤보고 싶은 질문이 있습니다. 분권형 시스템 플러스 연방제적 네트워크 국가가 된다면, 그 속에서 리더들이 훈련될 것입니다. 대통령이 위에서 일일이 지시하지 않아도 현장에 밀착된 지역 리더들이 아래에서 알아서 일을 처리하고 그 과정에서 성숙하는 관점으로 가야 합니다. 혁신적인 연방형 국가가 대한민국 혁신의 동력이고 규범적으로 훨씬 더 동등한 사회로 만듭니다. 그런데 왜 우리는 아직까지 하지 못하고 있을까요? 이회창 총재가 대선에 나왔을 때 연방제 이야기를 했습니다. 노무현 전 대통령은 이를 부분적으로 실천했고요. 그런 측면에서 이번 대선 때는 노무현의 균형발전론을 넘어 더 큰 차원에서 합의할 수 없을까요? 문재인 정부가 좋은 일을 굉장히 많이 했지만 이 점이 약해서 참 안타깝습니다.

김호기   제 의견을 말씀드리자면, 적어도 노무현 정부 이후에 이른바 진보 세력은 균형발전을 매우 중요한 국가 목표로 잡았습니다. 보수 세력은 선택적이고 집중적인 발전을 꾀했고요. 보수가 이런 발전 전략을 포기하지 않는 한 연방제적 상상력은 받아들이기 어렵습니다.

조금 전에 말씀하셨던 이야기에 간단하게 하나만 덧붙이자면, 우리나라는 5년제입니다. 5년 단임인데 이게 길다면 길고 짧다면 짧습니다. 두 번째로 대통령의 과제 측면에서 역대 정부들을 돌이켜보면 김대중 정부는 외환 위기 극복, 한반도 평화체제 구축으로 압축됩니다. 노무현 정부는 국가균형발전, 동북아 평화체제입니다. 당시 '동북아 균형자론'이 나왔을 때 얼마나 논쟁이 치열했습니까? 그 후 정부를 제가 과소평가하고 있는지 몰라도 이명박 정부 하면 4대강 사업 외에는 떠오르는 게 없습니다. 박근혜 정부는 아예 없어요. 문재인 정부는 임기 1년을 남겨뒀지만 검찰개혁 외에는 떠오르지 않습니다. 이렇게 말씀드린 이유는 **대통령이라면 최소 자기 마음속에 '5년 동안 적어도 대한민국을 이런 방향으로 발전시키겠다'는 핵심 의제를 두세 개쯤 갖고 있어야 한다고 보기 때문입니다.** 이는 대통령 후보의 기본 조건입니다. 노무현 정부 이후에 우리 사회가 앞으로 나아가지 못했다는 인상을 받았다면, 대통령 의제를 적극적으로 추진하지 않았거나 아니면 잘못 추진했던 것일지도 모릅니다.

이광재   이런 건 어떨까요? 지금 청와대가 돌아가는 걸 보면 대한민국에 두 개의 정부가 있습니다. 하나는 청와대 내각, 그러니까 청와대 참모진으로 경제수석, 사회문화수석 등 수석들이 포진해 있습니다. 또 하나는 총리 내각인데 각 부처 장관들이 일하고 있죠. 두 개 내각을 유지하면 청와대로 권력이 집중될 수밖에 없습니다.

이와 관련해 인사 검증 시스템도 재정비할 필요가 있습니다. 청와대 시스템만으로는 인사 검증 대상자를 일일이 정확하게 들여다볼 수 없거든요. 차라리 **인사 검증 권한을 총리**

실에 보내든지 고위공직자비리수사처에 보내든지, 아니면 제3의 기관에 맡겨 대통령의 인사권이 기능을 잘 발휘하도록 해야 합니다. 대통령과 청와대 참모진이 주요 핵심 과제에 집중할 수 있도록 만들자는 거죠. 노무현 대통령은 250주 동안 국토균형발전 회의에 무려 72번 참석했습니다. 그 결과 세종시도 생기고 지방혁신도시도 생겼습니다. 앞으로 청와대 내각, 총리실 내각의 역할을 어떻게 나눠야 할까요?

김호기 두 개 내각이 된 원인은 제도에서 찾을 수 있습니다. 우리가 대통령중심제를 채택했지만 내각제적 요소가 가미됐습니다. 두 개의 의사결정 구조를 갖게 된 셈이죠. 헌법 정신이 그렇다고 한다면 저는 청와대 조직을 아까 말씀드렸던 <u>대통령 의제Agenda를 중점적으로 추진하는 방향으로 재편해야 한다고 봅니다. 한 축은 지금도 존재하죠. 국가안전보장회의NSC입니다. 여기에 경제·사회 의제를 총괄할 ESC</u>Economic Social Council 같은 것을 만들자는 겁니다. NSC는 외교·안보 의제를 추진하고 경제·사회 의제는 ESC가 중심이 되는 것이죠. 그것을 제외한 주요 국정과제나 일상 국정 업무는 내각 중심으로 이루어지면 되고요. 2020년 대선 이후 차기 정부가 인수위를 구성해 정부 조직 개편을 논의할 때 한번 진지하게 검토해볼 만한 사안입니다.

안병진 우리나라가 압축 성장을 한 게 원인인지는 몰라도 정부 조직이나 인수위에 대한 연구가 많이 부족한 편입니다. 미국에서는 인수위 관련 연구가 엄청나게 쌓여 있고 백악관 참모진과 장관의 역할을 둘러싸고 토론을 많이 합니다. 우리도 인수위 활동 기간 중 역대 정부에 대한 치밀한 연구·분석·자문으로 수석과 장관의 역할 분담을 개선해야 합니다.

이광재 　대통령이 권력을 놓으면 놓을수록 그 권위는 커지는 것 같습니다. 권력을 갖고 통치할 것이냐 권위를 갖고 통치할 것이냐 하는 질문에 대한 답은 권위를 갖고 권력을 나눠야 오히려 훨씬 더 강한 대통령이 나온다는 것입니다. 담론과 의제를 가지고 자기 업적을 내는 대통령으로 전환하는 길을 가야 됩니다. 그러면 김 교수님이 말씀하신 대로 NSC 하나, 서포트 조직 하나, 이렇게 해서 대통령실 역할이 좀 줄어드는 것이죠.

우리 정부는 유능해져야 합니다. 그럴려면 시스템도 잘 갖춰져 있어야 하지만 대한민국에 있는 인재를 골고루 영입해야 합니다. 현재는 본인이 특정 정당에 소속돼 있으면 스카웃하기가 쉽지 않고, 같은 당 내에서도 가깝지 않으면 또 영입하기 어렵고요. 그러다 보니 회전문 인사라는 말이 나오고 있습니다. 한정된 인력풀을 가지고 대한민국이란 큰 나라를 끌고 가기가 굉장히 어렵습니다. 이 문제를 어떻게 해결해야 할까요?

김호기 　두 가지만 말씀드리겠습니다. 저는 대통령제가 가지고 있는 기본적인 한계라고 생각합니다. 미국은 인구가 3억 명이 넘다 보니까 민주당이든 공화당이든 자기 인재들로 충분히 국정을 운영할 수 있습니다. 우리는 미국 인구의 6분의 1 정도니까 인력풀이 협소할 수밖에 없고요. 두 번째로 이와 연관해

039

서 저는 과감하게 우리의 정치 체제에 대한 권력 구조를 바꿔 보는 것도 진지하게 생각하고 있습니다. 내각제로 말이죠. 내각제는 타협의 정치, 협력의 정치를 가능하게 합니다. 우리도 내각제를 진지하게 검토해볼 시점이 된 것 같습니다.

안병진   정치학자들 사이에서 권력 구조에 관한 논쟁을 하면 항상 어떤 권력 구조든 장단점이 있다고 결론이 나요. 그런데 이쯤에서 재구성해볼 필요가 있습니다. 지금까지 정치학자들은 게임 체인저가 될 만한 두 가지를 놓고 권력 구조 논쟁을 해본 적이 없습니다. 첫 번째로 현재 인류는 절체절명의 과제인 기후 위기 문제를 해결해야 합니다. 이 위기를 어떤 정치 제도가 조금 더 잘 극복할 수 있는지 고민해야 합니다.

두 번째 게임 체인저는 신형 양극화, 불평등 문제입니다. 지금 20대 친구들은 프리케리아트(Precariat·불안정한 노동자 계급)가 보편적입니다. 정규직을 보편적으로 받아들이지 않아요. 기후 위기와 신형 양극화 관점에서 권력 구조 논쟁을 근본적으로 생각해보면 김 교수님 말씀처럼 내각제도 금기어가 될 필요가 없습니다. 권력 구조 논쟁은 더 이상 학문적인 논쟁 대상이 아닙니다. 포츠담이나 세계적인 연구소들은 지금 전 인류적으로 생태 위기가 현실화되는 것이 7년에서 10년 정도 남았다고 합니다. 향후 5년을 어떻게 보내야 하는지에 관해 많은 논쟁이 필요합니다. 연방제 수준의 개혁에 프랑스 마크롱 대통령이나 남미 국가들이 했듯이 생태 문제를 법제화하는 것이라든지, 권력 구조 개편 논쟁에서 21세기

적 형태로 상원을 생각해볼 필요도 있고요. 무엇이 됐든 지금은 구시대적인 논쟁 말고 대담한 상상력의 논쟁을 1년간 해봤으면 합니다.

이광재 내각제가 됐든 4년 중임제 개헌이 됐든, 분권형 대통령제가 됐든 2022년 3월 대선 이후 개헌이 필요하다는 말씀이신데요. 국회의원들이 지역구 활동에 매달리다 보니 국가 미래를 제대로 살펴보지 못한다는 지적도 적잖습니다. 상원 구조에 준하는 틀이 필요하다는 의견도 나옵니다. 차기 대선 과정에서 국회개혁 관련 의제를 논의하고 2024년 총선에서 국민투표를 하는 방안도 거론됩니다.

마지막 질문입니다. 이번 코로나19 팬데믹을 겪으면서 한국 국민은 방역 선진국이라는 자부심을 느꼈습니다. 최근 2~3년 새 방탄소년단BTS의 활약에 봉준호 감독과 윤여정 배우의 아카데미상 수상, 웹툰·게임 시장을 휩쓰는 한류 현상

등을 보면 대한민국에 뭔가 새로운 에너지가 생겼다는 걸 생생히 느낄 수 있습니다. 인류 문명의 새로운 모델을 제시할 수 있다고 말하는 사람도 있습니다. 한국 사회와 한국인이 가져야 할 위대한 꿈은 어떤 것이 있을까요?

김호기   저는 헌법 제1조 1항, '대한민국은 민주공화국'이라는 말이 떠오릅니다. 그러니까 코로나19가 공동체의 재발견이라는 의도하지 않은 결과를 낳았습니다. 한마디로 '더불어 살아가는 나라'라는 메시지입니다. K-방역이 의학적으로 성공했다고 평가하지만, 그 토대는 서로를 배려하고 존중하는 공동체주의가 아닐까요. 무작정 서구 국가를 쫓아갈 필요가 없고, 표준이 될 수도 없다는 점을 새삼 발견했습니다. 다른 분야는 몰라도 민주주의, 공화주의에 있어서는 우리가 세계적인 선도 국가가 될 수 있다고 봅니다. 차기 정부에서는 국민의 불안과 분노를 많이 해소하고 민주주의, 공화주의적 자존심이 드높아지기를 바랍니다.

안병진   완전히 공감합니다. 우리나라는 미국이나 유럽 모델을 바탕으로 자유주의적 민주주의의 보다 성숙된 형태와 이를 넘어서는 대안을 만들 수 있는 장점이 있습니다. 그렇게 하려면 다양한 세대가 공존해야 하고 기성세대는 조금 더 위험을 감수하고 2030세대를 적극 뒷받침해야 합니다.

이광재   지금까지 대화 내용을 정리해보겠습니다. 첫 번째로 불안과 분노를 느끼는 국민에 가장 필요한 것은 무엇일까? 일자리와 복지다. 두 번째는 정치의 역할이 중요한데 세상을 바꾸려는 절실함, 강렬함이 있어야 하고 결과에 책임져야 한다, 우리가 서로 배우고 혁신해야 한다는 내용이었고요. 세 번째는 한반도의 미래와 관련해 민주공화국, 공화共和의 정신에 대해서 말씀해주셨습니다.

공화가 공동체라는 뜻도 되고, 디지털 시대에는 공유경제의 공共도 될 것 같습니다. 화和의 의미는 조화를 이루는 세상이란 뜻도 됩니다. 우리 헌법에 있는 민주공화국이 구호에 그치지 않고 국민이 더불어 사는 삶을 보장하는 국가로 실현됐으면 좋겠습니다. 그러기 위해 새로운 시대에 능력 있는 리더십이 필요하다는 지적도 있었습니다. 오늘 좋은 말씀 감사드립니다.

유능한 정부가 필요하다
대통령은 외교·안보·국방 그리고
핵심과제에만 집중하자

대한민국의 더 나은 미래를 위해 대통령에 집중된 권력 분산이 급선무라는 점을 절감했다. 책임총리를 통해 역할을 분담하면 좋겠다.

문제 해결을 위한 솔루션을 찾고 결과에 책임지는 유능한 리더십이 필요하다. 자기가 옳다고 생각하는 신념의 리더십은 세상의 변화를 이끌지 못한다. DJP 연합, 생산적 복지, 한·미 FTA 등 김대중 대통령과 노무현 대통령이 보여줬던 책임지는 리더십을 가져야 한다.

인재를 고루 써야 한다. 청와대에 국가미래위원회를 만들어 주요 국책연구기관으로 활용하고, 정부와 산하연구기관의 집행 업무, 연구 업무를 결합해 지혜를 얻자.

하나, 21세기에 걸맞은 새로운 패러다임을 만들어야 한다.

정치 지도자들이 산업화와 민주화를 넘어서는 21세기적 패러다임을 만들어 새로운 대한민국을 이끌어가기 위한 성장 동력으로 삼아야 한다. 혁신적인 발상을 통해 국민이 모두 받아들일 수 있는 시대정신을 포착하고 국민의 불안과 불평등에 대한 불만을 해소할 수 있는 성장 담론 제시와 복지국가를 향한 고민이 필요하다.

둘, 정책이나 의제에 대한 대립을 넘어 공통 분모를 찾자.

보편복지와 선별복지의 대립 사례를 제시하면서 여야 간에, 혹은 당 내에서 정책이나 의제를 놓고 과도하게 대립 구도로 가는 것이 문제다. 타인의 생각을 폭넓게 받아들이는 문화가 한국 사회를 진화시킬 수 있으며 이에 관해 백가쟁명식의 다양한 의견을 폭넓게 받아들이는 태도가 필요하다.

셋, '청와대 정부'의 재편을 통해 효율적인 행정 조직을 만들자.

대통령과 청와대에 과도하게 집중된 권력이 국정 운영의 비효율성을 증가시킨다는 두 교수의 의견에 공감했다. 향후에 대통령은 몇 가지 국가 핵심 과제를 수행하고, 기존 국정 업무나 과제는 총리실 산하 내각에서 담당하도록 정부를 재편하면 더 효율적인 운영이 가능하다. 또한 대한민국의 발전을 위해 여야와 당파를 초월한 인재 등용을 주저하지 말아야 한다.

2장

단 한 번 실수로
'나라 흔들릴 위기'
맞을 수도

대담자: 이광재 · 김흥규

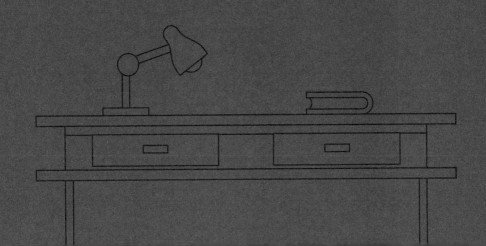

김흥규
아주대학교
정치외교학과 교수

서울대학교 외교학과를 졸업한 뒤 미국 미시간대학교Ann Arbor에서 정치학 박사학위를 받았다. 외교부 외교안보연구원(현 국립외교원) 교수를 거쳐 아주대 미중정책연구소 소장 겸 정치외교학과 교수로 재직 중이다. 대통령 직속 정책기획위원회 외교통상 소小분과 위원장을 역임했으며, 현재 외교부 혁신위원회 위원장과 청와대 국가안보실, 국방부, 육군의 정책자문위원을 맡고 있다.

문재인 정부 초기에 '국방개혁2.0' 수립에도 깊이 관여하는 등 그간 청와대, 외교부, 국방부, 통일부, 국회 등 다양한 정부 기관을 상대로 정책자문 활동을 펼쳐왔다. 한·중 전략 대화 및 한·중 전문가 공동위원회 참여 구성원이기도 하다. 중국 전문가로 출발해 최근에는 동북아 안보와 미·중 관계 전문가로 널리 주목 받고 있다. 니어재단이 선정한 2014년 외교안보 부문 학술상을 받았으며 중국 외교·안보, 북핵 문제, 동아시아 국제정치, 미·중 관계 등을 중심으로 300여 편의 글을 발표했다. 2021년 3월 《신국제질서와 한국외교전략》(공저)을 출간했다.

21세기 들어 중국이 전례 없이 빠르고 거칠게 부상함에 따라 한국뿐만
아니라 아시아 각국에서 '차이나 리스크'는 발등의 불이 됐다. 적어도 향후
20~30년간 미국과 중국은 한반도 정세를 흔들 복합변수가 될 것이다.
한국은 미·중 패권 경쟁이란 태풍 지대를 무사히 항해할 수 있을까?
이번 대담에서는 국제정치 전문가인 김흥규 아주대 교수 겸
미중정책연구소 소장을 만났다. 김흥규는 시진핑 중국 국가주석의
연내 방한 가능성이 거의 희박하다고 봤다. 근거로 코로나19, 문재인
정부의 레임덕, 사드 업그레이드 가능성 등을 제시했다. 또한 "우리나라
외교·안보 분야의 생태계는 훼손됐다"며 "단 한 번의 실수로 나라가
흔들릴 위기가 올 수도 있다"고 경고했다. 이와 함께 "결미연중結美聯中
플러스" 전략을 추진해야 한다고 제안했다.
나는 정권 교체와 관계없이 청와대에 '외교·안보 자문회의'를 설치하고
국회 차원의 싱크탱크로 '외교·안보 연구처'나 '국제 전략 연구처'를
운영하는 방안을 제시했다. 또한 몽골, 일본, 러시아와의 협력·증진으로
한국 외교의 합종연횡을 확대하자는 구상을 내놓았다.

외교·안보 체계 초당파적으로 정비해야

이광재 의원(이하 이광재)　　현재 국제사회는 미국과 중국 두 강대국의 경쟁·협력·대결의 시대라고 할 수 있습니다. 냉전 시대를 방불케 하는 요즘 한국은 어떤 선택과 전략을 취해야 할까요? 바둑으로 말하면 '축軸에 몰리지 않고' 살아남을 미래 전략에 관해 논의해볼까 합니다. 미·중 관계가 핵전쟁 수준으로 악화하진 않겠지만 최소한 심리전이나 냉전 체제에 준하는 다툼으로 격화할 가능성이 있다고 우려하는 전문가가 많습니다. 외교·안보 전문가인 그레이엄 엘리슨 하버드 대학교 케네디 스쿨 초대 학장은 일찍이 '투키디데스의 함정' 개념을 내놓았습니다. 기존 패권국과 빠르게 부상하는 신흥 강대국이 충돌한다는 주장입니다. 미·중 관계의 장래를 어떻게 생각하십니까?

김흥규 대표(이하 김흥규)　　이미 두 나라가 전쟁에 준하는 심리 상태로 임하고 있다고 봐야 합당합니다. 이는 리더 개인의 선택이라기보다 훨씬 더 구조적인 측면에서 패권 경쟁, 국제정치학에서 말하는 세력전이 양상을 띠고 있기 때문입니다. 엘리슨 교수에 따르면 역사적으로 패권 경쟁 사례가 열여섯 번 정도 있었는데, 그중 열두 번은 전쟁으로 귀결됐고 그나마 네 번이 평화적으로 해결됐다고 합니다. 이번 미·중 전략 경쟁은 열일곱 번째의 패권 경쟁 시기에 들어선 것입니다.

　　중국에서는 2019년 공산당 중앙당교黨校 회의에서 시진핑 국가주석이 미·중 경쟁을 장기전, 즉 오랜 시간 벌일 전쟁 상태에 들어섰다고 규정한 바 있습니다. 미국 도널드 트럼프 행정부에서도 미·중 관계의 큰 방향을 '전략적 협력 관계'에서 '전략적 경쟁 관계'로 완전히 패러다임을 옮겼죠. 조 바이든 정부가 어떤 외교 입장을 취하든 미·중 전략 경쟁은 당분간 계속될 수밖에 없습니다.

이광재   미국이 1985년 플라자 합의로 경제 대국으로 부상한 일본을 견제했을 때를 생각해보면, 일본의 경제 규모가 미국의 3분의 1 수준이었습니다. 병법에서는 자기 병력이 상대의 3배를 넘어야 군사적 우위를 점할 수 있다고 합니다. 지금 중국 국내총생산GDP은 미국의 70% 수준까지 올라왔습니다. 일부 국제정치학자들은 미국이 중국을 견제할 기회를 2001년 9·11 테러 사태 후 한 번 놓쳤고, 2008년 리먼브라더스 사태로 글로벌 금융위기가 터져서 두 번째 기회를 놓쳤다고 말합니다. 그 사이 중국이 너무 커졌고, 이제는 견제할 시기를 놓쳤다고 보는 견해도 있는데요. 이에 대해서 어떻게 생각하시는지요?

김흥규   9·11 사태 당시에는 미국이 전략적 선택을 한 겁니다. 미국 입장에서 중국은 너무나 취약한 국가였고, 세계무대로 끌어들여 일정한 역할을 맡기는 게 미국 국익에 합당하다고 판단한 거죠.

더 큰 문제는 2008~2009년에 촉발된 미국발 금융위기였습니다. 당시 중국의 GDP 규모가 미국의 40% 수준이었습니다. 그 시점 전후로 미국이 중국을 압박하는 게 패권전쟁 측

향후 20~30년간 미·중 간에 치열한 경쟁이 펼쳐질 텐데요. 지피지기 백전불태知彼知己百戰不殆라는 말처럼 한국은 두 나라를 집중 탐구해야겠습니다. 상대를 정확하게 알고 질서와 변화의 원리를 꿰뚫어 봐야 국가 생존 전략을 만들고 실천할 수 있습니다.

면에서 대단히 중요했습니다. 그러나 미국이 자초한 위기를 극복하지 못하고 국제무대에서의 리더십을 상실했죠. 상대적으로 중국에 대한 우위도 급속도로 약화됐고요. 미국 사회에 충격과 당혹감, 좌절, 분노 등이 축적됐습니다. 그런 것들이 뭉쳤다가 한꺼번에 폭발한 게 '미국을 다시 위대하게(Make America Great Again)' 구호를 앞세운 트럼프 현상입니다.

이광재　중국이 거침없이 질주하면서 대국굴기를 하는 가장 큰 요인은 무엇일까요? 제대로 알고 분석해야 미국이 추월당할 시간을 늦춘 데 불과한 것인지, 앞으로 미·중 갈등 양상이 어떻게 전개될지 예측해볼 수 있을 것 같습니다. 과연 중국식 발전모델이 존재할까요? 중국의 저력을 알고 우리도 배울 건 배우는 자세가 필요하지 않을까 생각됩니다.

김흥규　중국은 역사상 전 세계라고 할 순 없어도 나름대로 세계를 지배했던 강대국의 전통이 있습니다. 오래전부터 다양한 형태의 국제 관계를 관리하고 주변국보다 우위를 점하고 그 위에 군림했던 역사적 경험이 있죠. 중국 입장에서는 오히려 지금 미국이 국제 관계를 주도하는 게 비정상적이고 일탈적입니다.

두 번째로 중국의 인구는 14억 명입니다. 그중 90% 이상이 한족漢族이고요. 역사적으로 모든 국가가 국가의 부강을 위해 소위 민족 개념을 넣어서 단합시키지 않았습니까? 중국은 진즉 민족국가의 형태가 갖춰졌습니다.

세 번째로는 중국의 차별화된 정책 결정 과정입니다. 제가 연구해본 바로는 중국은 생각보다 훨씬 다양한 차원에서 의견을 수렴하고 그 과정이 대단히 잘돼 있습니다. 우리가 중국의 강점을 종종 폄훼하거나 저평가하기 때문에 오늘날 중국의 발전상을 '놀라움'으로 받아들이곤 합니다. 미국식 사회과학 관점으로는 이해하기 어려운 부분이죠. 중국의 경제발전 속도와 외교·안보 정책의 전개 방향은 서구의 상상력을 넘어서고 있습니다.

이광재 향후 20~30년간 미·중 간에 치열한 경쟁이 펼쳐질 텐데요. 지피지기 백전불태知彼知己 百戰不殆라는 말처럼 한국은 두 나라를 집중 탐구해야겠습니다. 미국만 하더라도 의회 내에 중국을 연구하는 곳이 두 군데나 있습니다. 제가 중국에 가서 사회과학을 공부해보니까 미국사美國史를 연구한 100권짜리 책이 있더라고요. 상대를 정확하게 알고 질서와 변화의 원리를 꿰뚫어 봐야 국가 생존 전략을 만들고 실천할 수 있습니다. 우리의 외교·안보는 얼마나 잘 준비돼 있는지 궁금합니다. 우리 정부의 역량을 어떻게 평가하시는지요?

김흥규　솔직히 말씀드리면 현재 우리나라 외교·안보 분야의 생태계는 거의 훼손됐습니다. 외교·안보 분야가 건강하려면 관료·전문가·학자 집단이 서로 각자의 역할을 하고 국가 지도자들에게 영향력을 행사하면서 상호 선순환해야 합니다. 하지만 현재 관료들은 무기력해져 있고, 전문 분야에서도 제 역할을 하지 못하는 상황입니다. 전문가 집단들은 (정부에 대한) 예속 관계가 너무 심해 제 목소리를 내지 못합니다. 학자들에게는 정부 부처라든가 정부 출연 기관에서 주요 프로젝트를 줘서 국가 의제를 연구할 분위기를 조성해줘야 하는데 그러지 못하고 있죠. 외교·안보 분야에서 어설픈 지식을 가지고 거기에다가 자신감까지 갖는 것은 아주 위험합니다. 역대 정책 결정자들은 자신들이 '중국을 잘 안다거나 한·중 관계를 잘할 수 있다'는 자신감이 팽배했던 것 같아요. 지금 상황으로 봐선 국제 관계가 훨씬 더 험악해질 텐데 다들 이 상황을 알고 있다고 어설프게 착각하는 것 같습니다. 최근 위정자들의 행태를 보자면 아예 위기를 위기로 인지하지 못하고 있는지도 모른다는 생각마저 듭니다. 안이하게 대응했다가는 단 한 번의 실수로 나라가 흔들릴 위기를 맞을 수도 있습니다.

이광재　보수·진보 정권이 서로 왔다 갔다 해도 크게 변하지 않아야 하는 부분이 외교·안보 정책입니다. 한반도에선 외교·안보 문제가 향후 20~30년 사이 가장 중요한 문제일 수 있습니다. 우리나라도 '국민경제 자문회의'처럼 '외교·안보 자문회의'를 만들어 정파를 초월한 생태계도 만들고, 전직 외교부 장관들과 수석비서관이 현직 대통령을 상대로 끝없이 자문하는 시스템이 필요합니다.

김흥규 전 세계 모든 강대국은 소위 말하는 전문가 집단이나 싱크탱크가 강합니다. 지도자들이 이들의 자문을 활발히 받을수록 강한 나라입니다. 제가 보기에 트럼프 행정부 시절 미국 싱크탱크들의 역할보다 시진핑 휘하의 중국 싱크탱크 역할이 더 다양하고 원활했다고 판단합니다. 한국이 당면한 어려움과 위기 상황을 타개하기 위해서는 국가적으로 최대한 아이디어를 끌어내고 취합해나갈 구조와 제도를 만들어야 합니다. 대통령도 측근 정치를 넘어 전문가 집단과 싱크탱크 그룹을 정기적으로 만나고 점검해야 합니다. 그게 지도자와 정부의 역량입니다. 현 정부는 안타깝게도 이러한 점이 잘 안 보입니다.

　또 하나 강조할 점은 중국은 한국 바로 옆에 붙어 있고 우리의 외교·안보·경제 등 모든 운명이 좌지우지할 만큼 중요한 나라입니다. 한국에 적어도 세계적인 중국연구소가 하나쯤 있어야 합니다.

이광재 동감합니다. 일본의 역대 총리들을 보면 주미 대사와 정기적으로 미팅을 합니다. 우리도 미·중·일·러 4강 대사 정도는 청와대에서 주기적으로 대통령을 만나고 각국을 모니터링 하면서 끊임없이 데이터를 축적할 필요가 있습니다.

김흥규 역대 정권을 보면 4강 외교를 중시한다고 말하면서도 전문 지식과 식견을 바탕으로 4강 국가 사람들과 제대로 외교 업무를 펼칠 인물을 주재 대사로 보냈는지 한번 반성해봐야 합니다. 정말로 4강 외교가 중요하다면 그들과 전략적인 게임을 할 최적의 인재를 보내야 합니다. 그분들로 하여금 현지에서 정보도 얻고, 의견도 피력하고, 상대방을 설득해서 거둔 성과로 대통령과 정기적으로 만나 외교 전략을 조율하는 구조가 필요합니다. 한국은 외교가 중요한 나라인데 외교를 너무 소홀히 생각합니다. 외교·안보 지식을 충분히 지닌 지도자가 나오기를 대망합니다.

이광재 미·중·일·러 대사는 국가 명운을 지켜낼 만한 능력자들이 가야 합니다. 또 이를 지렛대 삼아 한국에 오는 4강의 대사도 급級과 수준을 높이면 양자 대화의 수준도 올라가고 좀 더 실질적인 외교가 펼쳐지겠죠.

이런 문제도 고민해봅니다. 미국중앙정보국CIA의 놀라운 점이 주요한 이슈가 생기면 전직 CIA 요원들이 가서 다시 활동하더라고요. 퇴직 요원들이 사라지는 게 아니라 상당수가 싱크탱크에서 활동하고, 유사시 일정한 역할을 받아서 직접 활동합니다. 이런 인력 활용 시스템이 미국의 강점입니다. 우리도 국가정보원에서 언젠가 CIA 정도의 정보 생산·분석 능력을 갖추고, 유능한 인력을 재활용하는 시스템을 마련해야 한다고 생각합니다.

김흥규　중국엔 14억 명의 인구, 미국은 3억 명이 넘는 인구가 있습니다. 그중에서 적임자를 뽑아 외교·안보 역량을 높이려고 총력을 기울이지 않습니까? 우리는 인구 5,000만 명밖에 없지만 어떻게든 최대한 활용해 이 난국을 타개할 핵심 역량을 길러내야 합니다. 이광재 의원도 강조했지만, 우리가 외교 무대에서 교육·훈련을 받았던 경험의 축적이 상당히 중요합니다. 이는 하루 아침에 이뤄지지 않습니다. <u>인재를 활용할 시스템을 지금부터라도 만들어야 합니다. 인재를 소중히 할 줄 모르는 사람은 지도자가 돼서는 안 됩니다.</u>

이광재　또 하나 생각나는 부분이 있습니다. 외교부, 통일부, 국방부가 일관성 없는 전략을 택할 경우 국가 위기를 부를 가능성이 커집니다. 예컨대 현대식 무기 체계를 모르고 외교 전략을 구상한다는 점도 그렇고, 통일-외교가 따로 노는 것도 비효율적입니다. 대(大)부처주의를 채택해 전체 그림을 그려 외교·안보 부처들이 일해야 한다는 생각도 듭니다.

김흥규　미·중 전략 경쟁의 시대에 안보-외교-경제-과학기술은 분리되지 않습니다. 이들을 종합적으로 이해하고 정책 결정을 내릴 자질을 가진 인물이 전략을 만들고 국가안보실을 책임져야 합니다. 단, 대부처주의는 신중해야 합니다. 경직되면 더 문제가 커집니다. 일단은 각 부처의 전문성과 역량을 최대한 살리는 것이 우선입니다. 중국은 국가안전위원회 같은 데서 외교·안보에 관한 정보를 종합적으로 판단하는 시스템을 구축하고 있습니다. 미국도 국가안전보장회의NSC가 그런 역할을 하고 있고요. 우리 NSC도 각종 정보를 조정·분석하고 부처 간의 소통을 주도해 거기서 결론을 뽑아내는 기능을 해줘야 합니다. 그렇게 한다면 대부처주의가 아니라도 어느 정도 문제를 해결할 수 있지 않을까요.

이광재 요컨대 NSC가 조정 기능을 총괄하되, 외교·국방·통일은 각자의 자율성과 전문성을 갖고 일하는 게 좋다고 보시는 거네요. 조선시대에 청나라의 침략을 받았을 때 주화파 최명길도 있었고 주전파 김상헌도 있었습니다. 나라 입장에서는 두 사람 모두 애국자라고 봐야 합니다. 양쪽의 주장을 절충해 함께 애국하는 길을 어떻게 만드느냐가 중요해보입니다.

시진핑 방한과 한·중 관계 어려운 이유

이광재 한·중 관계와 관련해 2020년 봄부터 꾸준히 시진핑 국가주석의 방한이 거론됐습니다. 실무 차원에서 원칙적으로 합의한 것 같은데 계속 방한 시기가 미뤄지는 이유는 뭘까요? 중국 지도부의 의중과 앞으로 한·중 관계의 청사진이 궁금합니다.

김흥규 코로나19 국면에서도 시진핑 국가주석의 방한 이야기가 회자되는 것은 그만큼 중국 쪽도 한국과의 관계를 중시한다는 의미입니다. 그러나 개인적으로 문재인 정부 집권 기간에 시진핑 국가주석의 방한이 성사될 개연성은 극히 적다고 봅니다. 몇 가지 심각한 문제가 있거든요.

첫째 중국 쪽에서는 '코로나19가 어느 정도 진정되면 방한할 것'이라고 했는데 코로나19 상황이 2021년에 좋아질 가능성이 없습니다. 시 주석이 올 경우 1,000명에 가까운 수행인력이 따라오는데 중국 어느 누구도 그런 위험 부담을 짊어지고 일을 추진하진 못할 겁니다.

둘째 문재인 정부의 임기가 막바지입니다. 더군다나 4·7 재보선에서도 집권 여당의 상황이 좋지 않아 현시점에서 방한은 정치적으로 상당히 무리입니다. 이 정부와 너무 잘 지내도 차기 정권이 다른 당으로 넘어가면 부담이 될 거고요. 중국 쪽은 새로운 정부와 이야기하는 게 훨씬 유리하다고 볼 겁니다.

셋째 과거에 시진핑 국가주석이 두 차례나 한국과 정상회담을 하면서 사드(THAAD, 고고도미사일 방어체계) 도입을 반대했지만, 시 주석이 한국에서 귀국하자마자 우리 쪽에서 사드 배치를 발표해버렸습니다. 시진핑 주석 입장에서는 크게 체면이 깎였다고 느꼈을 겁니다. 사회주의 국가에서 최고지도자의 권위와 체면은 대단히 중요합니다.

2021년 하반기에도 그와 비슷한 일이 벌어질 조짐이 있습니다. 만약 시 주석이 방한했다가 비슷한 상황이 발생하면 그건 문책감입니다. 중국의 어느 전략가나 관료도 그런 골치 아픈 문제를 책임지려 하지 않을 겁니다.

다만 미국의 한국 정치 개입에 대한 중국 쪽의 판단 여부에 따라 상황이 뒤집어질 수도 있습니다. 미·중 간 전략 경쟁 상황에서 중국은 과거 어느 때보다 한국과 관계를 잘 유지해야 하는 상황입니다. 반도체의 안정적인 공급도 중요하고요. 중국에 적대적인 정권이 한국에 들어설 가능성에 대해 대단히 민감한 상황입니다. 미·중 전략 경쟁 덕택에 한국의 전략적 가치가 제고된 셈이죠.

한국의 향배를 놓고 현재 미·중이 치열하게 외교전을 전개하고 있습니다. 앞에서 언급했듯이, 미국이 2021년 하반기에 과거처럼 사드 업그레이드 문제 등을 활용해 한국 정치에 깊이 관여하면서 보수 진영을 지원할 수 있다고 중국은 우려할 것입니다. 미·중 전략 경쟁의 특성상 중국은 대응 차원에서 시 주석의 한국 방문을 무리하게 추진할 수도 있습니다. 이렇게 되면 국내 정치를 놓고 미·중 간의 후견전쟁이 본격화할 것입니다.

또 하나 주목할 점은 2022년 2월에 베이징에서 개최되는 올림픽에 한국의 참여를 독려하기 위한 것일 수도 있습니다. 미국과 서방이 베이징올림픽을 보이콧 하는 상황에서 한국의 참석은 의의가 큽니다. 한국 정부는 베이징올림픽에서 남북 정상회담을 가질 수 있다는 희망 때문에 무리해서라도 추진할 수 있습니다.

이광재　2021년 하반기에 사드 업그레이드를 놓고 2016년 사드 배치 당시보다 더 큰 갈등이 있을 거라는 이야기로군요. 올림픽 정치도 숨겨져 있었고요. 지난 2015년 박근혜 대통령이 제2차 세계대전 전승 70주년 기념식에 미국과 서방의 반대에도 불

구하고 중국을 방문한 것이 떠오르는군요. 우리가 심도 있게 지켜보고 대비할 대목이라 생각합니다. 한·미, 한·중 관계를 잘 맺으려면 어떤 부분에 주목해야 할까요?

김흥규 사드 관련 갈등의 출처는 미국입니다. 최근 로버트 에이브럼스 주한미군사령관이 미 의회청문회에서 했던 말을 주의 깊게 살펴볼 필요가 있습니다. 그는 한국에 배치된 사드를 업그레이드하겠다고 밝혔습니다. 이미 1단계는 했고 2·3단계를 2021년 6월까지 할 계획이었습니다. 이는 예산안 승인 내역을 보면 확인할 수 있습니다. 만약 이것이 구체화된다면 중국이 반대한 '3불不'에 정면으로 배치됩니다(3不은 사드 추가 배치 반대, 미국의 미사일 방어체계 가입 반대, 한·미·일 군사 협력 반대).

하지만 미국으로선 그럴 이유가 충분합니다. 북한이 핵·미사일 역량을 대폭 강화했기 때문에 그것을 방어하기 위해 사드를 업그레이드할 수밖에 없다는 거죠. 물론 사드 시스템 자체로 북한의 핵·미사일 공격을 막는 게 사실상 불가능에 가깝습니다. 결국 대중국 용도가 될 가능성이 크고요. 미국의 인도 태평양의 미사일방어MD 시스템과 우주전략방어체계와도 연동될 겁니다. 그렇게 되면 미국과 일본, 한국 간의 정보가 모두 연동됩니다. 사드 때보다 더 큰 폭풍을 한·중 사이에 불러올 수 있죠.

이것을 언제 노출해 한국의 보수나 한·미동맹을 주장하는 사람들에게 정치적 동기를 제공할지는 미국 쪽에서 결정할 수 있습니다. 저는 이번 가을이 제일 좋은 시기라고 생각합니다. 왜냐하면 정권을 바꿀 쟁점이 될 수도 있고, 문재인 정부가 정면으로 저항하기도 어렵습니다. 그런 상황이 온다면 한·중 관계는 파탄을 맞습니다. 중국의 외교·안보 전략가들은 이런 흐름을 읽고 있을 겁니다.

이광재 상황이 그렇다면 우리 한국은 어떻게 대응하는 게 좋을까요? 미국 바이든 행정부 시대에도 미·중 갈등이 심화될 같은데요. 우리가 미국이나 중국에 제안할 사항이나 외교력을 발휘할 부분은 없을까요?

김흥규 중국은 물론 한국의 입장을 이해할 수 있습니다. 어떻게든 한·중 관계를 잘 유지하려고 할 겁니다. 한국을 잘 붙잡는 게 중국의 쌍순환(수출+내수) 발전 전략에서도 중요하고요. 미국과 경쟁에서 이기려면 한국에서 반도체를 안정적으로 공급받을 필요도 있습니다.

그런데 미국이 군사적으로 중국을 견제하는 방법이 하나

더 있습니다. 한국에 중거리 탄도미사일을 배치하는 방안이죠. 중국 입장에서는 그걸 막기 위해서라도 사드를 업그레이드할 때 한국을 세게 때릴 수밖에 없습니다. 왜냐하면 일본이나 다른 국가들이 중거리 탄도미사일 배치를 아예 포기하도록 판을 흔들어야 하거든요. 그렇게 하려면 한국을 세게 때릴수록 더 좋아요. 중국도 딜레마에 빠지겠지만 그런 상황에 몰리면 어쩔 수 없습니다. 자칫 잘못하면 한국이 가장 큰 희생자가 될 수 있습니다.

북한도 이 점에 대해서 이미 읽고 있을 겁니다. 김정은 북한 국무위원장이 지금 최악의 상황이고 자력갱생해야 한다고 계속 강조하고 있기 때문입니다. 북한이 살 방법은 중국의 지원을 받는 거밖에 없어요. 한국과 관계 개선은 어림도 없고 그럴 생각도 없습니다. 미·중 전략 경쟁 상황에서 미국과 어설픈 주고받기를 하면 중국과의 관계가 더 위험해집니다.

북한은 절대 불필요한 위험을 감수하지 않을 것입니다. 다섯 차례나 중국과 정상회담을 하면서 중국의 이익을 존중하겠다고 시진핑 국가주석에게 이야기했습니다. 이런 위기가 가속화할수록 북한은 중국과 신뢰 관계가 더 강해지고 오히려 경제적인 지원을 받을 가능성이 생깁니다. 한반도 갈등 상황이 북한에는 더 유리합니다. 그래서 한국이 가장 큰 희생자가 될 수 있다고 말씀드린 겁니다.

우리로선 시간을 최대한 확보하고 중국과 성의 있게 외교해야 합니다. 결코 중국을 겨냥하려는 의도가 없다고 설득하면서 소통을 잘해야 합니다. 북한의 핵 위협은 우리에게 실존적 위협임을 상기시키고, 그 문제가 해소되지 않는 상황에서 우리도 어쩔 수 없다는 현실을 잘 설명해야 하고요. 그래도 중국은 한국을 때리겠지만, 과거 사드 보복 때처럼 정말 아픈 부분은 맞지 않도록 해야 합니다.

미국도 설득해야 합니다. 사실 사드 업그레이드나 중거리 탄도미사일 배치가 당장 미국에 시급한 사안은 아닙니다. 우리는 정확하고 전문적인 지식과 논리를 갖고 북한의 공격을 어떻게 방어할지 점검하고 협의하면서 미국으로부터 얻을 수 있는 걸 얻어내야 합니다. 북한의 핵·미사일 공격을 받을 경우 우리가 반격할 수 있는 역량, 무기 체제를 미국과의 협상에서 얻어내야 합니다. 솔직히 우리가 현재의 북한에 대한 방어 기제로 북한의 핵·미사일을 방어하는 것은 불가능합니다.

북한에 대해서는 대항적 공존 전략으로 갈 수밖에 없습니다. 방어보다 공세 역량 강화로 북한을 압박하고, 군비 확장을 통한 군축 유도와 같이 경쟁을 통해 공존을 추구하는 전략이 모순적이지만 불가피하다고 생각합니다.

이광재 미국이 우리나라에 중거리 미사일을 배치하려 하지만 기본적으로 미국의 전략도 전쟁으로 가는 위기를 최대한 피하자는 거잖아요. 미·중 간에 굳이 군사 대결을 하겠다는 생각이 없다면 사드 업그레이드와 중거리 미사일 문제를 갖고 긴장의 파고를 높일 필요는 없겠죠.

아마도 미국이 우리한테 실질적으로 요구하는 분야는 과

학기술 협력일 가능성이 높습니다. 바이든 행정부가 반도체에 공격적 투자를 하면서 반도체 공급망의 투명성을 요구하는 것도 그런 맥락일 거라고 보고요. 우리 스스로 북한 위협에 대항할 방안을 강구하되 한·미 간의 민감한 사안은 좀 뒤로 미룰 수 있도록 노력해야 할 겁니다.

과학기술과 데이터, 금융의 경쟁력 확보

이광재 본격적으로 미·중 간 경쟁 관계에 관해서 살펴볼까 합니다. 그중에서도 과학기술 분야가 최전선에 있다고 생각하는데요. 과학기술 분야에 있어서 미국과 중국의 전략은 무엇입니까? 우리는 어떻게 해야 살아남을 수 있을까요?

김흥규 트럼프 행정부가 중국을 무차별적으로 압박해 많은 갈등과 감정적인 대응이 오갔지만, 실질적인 압박에는 실패했다고 봅니다. 트럼프의 대중 압박이 가장 강화됐던 2020년에도 미국 기업들의 대중국 투자는 더 많이 늘어났고요. 중국에 있는 미국 기업의 80% 정도는 중국에서 나올 생각이 없습니다. 제로금리에 가까운 미국이나 일본의 경제를 고려하면 서방 기업이 돈을 벌 수 있는 곳은 중국밖에 없어요. 아무리 트럼프 대통령이 압박을 가했어도 막을 수 없었습니다. 기술 유출도 막을 수 없었고요.

　　바이든 행정부가 들어서면서 미국을 위협하는 가장 핵심

부분이 과학기술 영역이라고 보고 있습니다. 미국이 가진 강점도 거기에 있거든요. 상대적으로 비용을 적게 들이면서 중국을 가장 아프게 할 수 있는 영역 또한 과학기술 분야입니다. 당장은 한국 삼성과 대만 TSMC가 강세를 보이는 반도체 부분이 격전장이 될 거고요. 지금 미국은 한국에 대단히 중요한 메시지를 던지고 있습니다. 그런데 우리 반도체 수요의 절반을 중국이 차지하고 있고, 그것을 만들 수 있는 장비를 미국에서 가져와야 하는 어려운 상황에 있는 거죠.

　우리는 미국과 신뢰를 바탕으로 협력을 강화해야 합니다. 동시에 4차 산업혁명에 대응할 역량을 스스로 확보해야 합니다. 미국이 안 된다고 하는 전략물자라든가 기술을 중국과 교류할 수는 없겠지만, 중국은 수요가 많은 나라이기 때문에 우리에게 필요한 것이 여전히 많습니다. 중간급 재료라든가 기술 같은 것들은 긴밀하게 협력해주고 도와주는 구조를 유지해야 합니다. 또 그럴 수밖에 없는 상황을 최고 역량을 가진 전문가나 외교관들이 가서 양쪽에 이해를 구해야 합니다. 실리적인 사고를 바탕으로 우리의 이익을 지키는 전략을 짜는 게 매우 중요합니다.

이광재 미국이 강한 반도체, AI, 컴퓨팅 같은 부분은 우리가 많이 배워야 합니다. 한·미 간에 의미 있는 진전을 가져올 부분은 기후변화 위기에 대응하는 데 제일 중요한 소형모듈원자로SMR 기술일 듯합니다. 미국에는 원천기술이 있고 우리는 건설 능력이 있으니까 전략적으로 협력할 수 있어 보이고요. 중국은 기술만 있으면 상하이에 상장할 스마트기술거래소를 두겠다고 했습니다. 중요한 기술의 많은 부분을 중국과 협력하는 것도 방법이겠죠.

어떻습니까? 제가 중국에 가서 보니까 특허 침해가 너무 많아서 전문법원을 만들어달라는 요구가 꽤 있더라고요. 앞으로 합리적으로 기술 경쟁을 해야 할 텐데요. 중국도 더는 기술을 훔치는 나라가 아니라 당당하게 경쟁하는 나라로 대접받고 싶어 합니다. 우리가 유럽의 브뤼셀처럼 전략적으로 한국에 국제 특허법원을 만들어서 국제사회에서 인정받을 수 있다면 좋을 것 같습니다. 기술 표준을 누가 확보하느냐도 굉장히 중요한데요. 그런 면에서 우리가 유럽, 특히 독일과 긴밀하게 손잡고 기술 표준화에서 우위를 갖는다면 어떨까요?

김흥규 독일과 긴밀하게 손잡는 것은 탁견이라고 생각합니다. 우리가 미·중 전략 경쟁에만 몰입해서 어느 쪽을 선택할지 고민하면 그 속에서 헤어 나올 수 없습니다. 특허나 표준을 만드는 문제는 세계가 똑같이 고민하는 사안입니다. 미국과 중국은 상대가 표준화를 주도할까 봐 걱정하고 있고요. 우리나라가 기술 표준화에서 우위를 가지면 좋겠습니다. 다만 두 가지 우려되는 부분이 있습니다. 첫 번째 우리가 그만한 전문 인력이 있느냐, 두 번째 국제무대에서 인정받을 수 있느냐입니다. 그럼에도 추구할 만한 가치가 충분히 있고, 또 그런 시도로 전문 인력을 길러낼 수 있다고 생각합니다. 미·중 이외의 주요 국가를 향해 외교적 시선으로 바라보아야 할 때입니다.

이광재 제가 눈여겨보는 게 또 하나 있습니다. 이번에 바이든 정부에 유대인 장관이 6명이에요. 이제 곧 한국-이스라엘 자유무역협정FTA이 발효되거든요. 이스라엘이 요새 주목 받고 있습니다. 한국이 제조업 기술이 좋으니까 제조 부분에서 이스라엘과 협력하고, 또 우리처럼 제조업 기반이 강한 독일과 협력하면 미국과 중국 모두에 어필할 라인을 만들 수 있을 것 같습니다.

김흥규 전적으로 의원님 말씀에 동감합니다. 우리의 기존 전략적 시야는 북한 문제나 동북아시아, 기껏해야 동아시아에 머물러 있었습니다. 말씀하신 대로 이제는 전 세계를 향해서, 그중에서 특히 독일이나 이스라엘 같은 거점국가를 향해 시야를 넓혀야 합니다. 전략적 협력을 하는 것도 역량입니다. 비전을 가질 때가 됐다고 생각하고요. 독일과 이스라엘뿐만 아니라 호주, 인도도 중요한 거점국가입니다.

이광재 우리가 눈을 돌려야 하는 부분이 또 있다면 데이터라고 생각합니다. 유럽도 일정하게 5억 명 정도의 데이터를 갖고 있고, 미국은 페이스북이나 페이팔 같은 업체가 10억 명, 몇억 명씩 보유하고 있고요. 중국도 인구수를 고려하면 데이터에 강합니다. 그런 점에서 앞으로 데이터 경쟁도 치열하리라 보는데요. 우리는 데이터가 적은 나라입니다. 동남아시아나 인도, 방글라데시 등지의 데이터를 가져올 수 있으면 미국과 중국에 한국은 의미 있는 나라가 되겠죠. 데이터를 가지는 방법에 좀 더 각별한 노력을 기울여야 합니다.

김흥규 과거에는 철과 석유가 제일 중요한 국가의 힘이었고, 그다음에는 정보산업IT이었습니다. 지금은 누가 더 많은 데이터와 고급 정보를 확보하느냐에 따라 국력이 좌지우지되는 시대에 접어들었습니다. 데이터의 중요성에 대한 문제의식을 가져야 하고요. 말씀하신 대로 우리나라의 5,000만 명의 인구와 작은 땅, 제한된 군사력 같은 하드파워로는 한계가 있습니다. 하지만 4차 산업혁명은 공간 혁명입니다. 무한대로 확장하는 새로운 영역입니다. 그 공간을 무엇이라고 부르든 적극적으로 활용해서 미래 세대에 희망을 줄 수 있는 영역이라는 것을 인지하고 각별히 중시해야 합니다. 이를 바탕으로 우리는 강국으로 나아갈 수 있습니다.

이광재 금융 분야로 넘어가보겠습니다. 2003~2004년도에 한국투자

공사KIC를 만들 때 국제금융전문가가 없었습니다. 하지만 최근 벤처나 국제금융 종사자 분들을 만나면서 세계적인 금융기관의 중간이나 매니저 레벨 사이에 한국 사람들이 상당히 많이 포진해 있다는 사실을 알게 됐습니다. 앞으로 우리가 강세를 보일 중요한 부분이라는 생각이 들었는데요. 디지털 화폐가 활성화되면 달러의 기축통화 시대가 저물고 미·중 간 구도도 변화할 뿐만 아니라 전 세계적으로 새로운 미래가 오리라 봅니다. 어떻게 생각하세요?

김홍규 디지털 경제의 주도권에 대해서는 아직 불확실합니다. 그러나 디지털 화폐 부분에서 가장 앞서가는 나라는 중국인 것 같습니다. 블록체인이나 이더리움과는 전혀 다른 차원의 문제입니다. 정부가 주도하는 화폐 디지털화라서 그렇습니다. 어마어마한 혁명입니다. 만약 중국이 성공한다면 달러의 기축통화의 힘은 없어지고 중국의 주도권이 커질 가능성도 있습니다. 저는 우리가 이 분야를 어느 정도 이해하고 있고 준비하고 있는지 의문입니다. 국가 경제와 미래를 이끌어갈 중요한 사안입니다.

이광재 중국이 '현금 없는 사회' 부문에선 우리보다 앞서 있죠. 디지털 자산 부분은 미국이 굉장히 앞서 있고요. 기축통화 체제에 변화가 생길 여지는 충분합니다. 개인적으로는 디지털 화폐와 디지털 자산 부분에서 우리가 좀 더 과감했다면 젊은이들에게 더 많은 일자리를 줄 수 있었을 텐데 아쉽습니다.

러·일·몽골과 합종연횡 모색해야

이광재 미·중 갈등 이야기를 하면 자연스럽게 합종연횡 전략을 생각하게 됩니다. 우리가 러시아와 잘 지내야 하지 않겠습니까? 미·중 사이에서 러시아의 몸값이 계속 올라갈 것 같습니다. 우리가 러시아와 협력할 유망 프로젝트는 무엇이 있을까요?

김흥규 트럼프 행정부가 중국을 견제하기 위해 두 가지를 시도했다고 봅니다. 첫 번째가 러시아와 가까워지는 것, 두 번째가 북한을 끌어들여 중국을 견제하는 것인데요. 큰 틀의 전략적 구도는 좋았지만 현실적으로 이룰 수 없었죠. 지금은 민주당의 자유주의 국제주의자들이 득세하면서 더더욱 어려워졌습니다. 만약 그때 트럼프가 성공했다면 우리나라도 러시아와 협력할 일이 많았을 겁니다. 하지만 지금은 오히려 냉전 구도가 더 강해졌고 러시아도 움직일 공간이 그렇게 많지 않습니다. 당장은 우리가 러시아와 할 수 있는 일이 거의 없습니다.

그럼에도 불구하고 러시아의 중요성을 간과해서는 안 됩니다. 앞으로 기후변화 대응이라든가 여러 상황이 달라지면 러시아의 영향력이 더 커질 겁니다. 인류가 탄소제로 세계로 가기 위해서는 러시아의 광활한 땅과 교통 운수, 에너지 등을 활용해야 합니다. 러시아에 대한 이해를 훨씬 깊게 해야 하고 인적 자원과 협력의 틀을 강화해야 합니다.

이광재 또 하나는 몽골에 자원이 많잖아요. 세계적인 투자자 손정의 소프트뱅크 회장은 몽골에 풍력과 태양광으로 발전시설을 건설해 동북아시아 전체가 쓰는 아시아의 슈퍼그리드를 만들자고 제안한 바 있습니다. 손정의 재단에서 수백억 원을 들여 경제성이 좋다는 결론을 얻어냈습니다.

문제는 몽골로 들어가는 교통망이 중국 철도밖에 없다는 겁니다. 그래서 우리가 몽골~러시아 철도에 투자해 에너지 협력사업을 추진하고, 기후변화 위기를 극복하는 프로젝트를 제안해보면 어떨까요? 미국, 중국에도 나쁘지 않은 것 같습니다. 현실적으로 당장 성사되긴 어렵겠지만 여러 나라가 이 미래의 핵심 의제를 충분히 공유할 수 있다고 봅니다.

김흥규 적극적으로 프로모션해야 하고 우리가 앞장설 만한 일입니다. 향후 탄소제로 세계를 만들고 우리 경제가 성장하려면 한국의 영토만으로는 도저히 해결할 수 없기 때문입니다. 몽골이나 러시아를 적극적으로 활용하는 과정이 쉽진 않을 겁니다. 단기적으로 당장 시행할 수 있는 일도 아니고요. 냉전적인 사고의 영향으로 돈을 누가 낼지 주도권을 누가 가질 것인지 여러 잡음과 다툼이 있을 테니까요. 난관을 잘 헤쳐 나가면 미래에는 큰 성과를 얻을 수 있을 겁니다. 바이든 행정부가 강력하게 추진 중인 녹색성장과 탄소제로 세계와도 연결되고요. 전 세계적인 호응을 얻을 수 있습니다. 미국, 러시아, 중국 모두 협력할 수 있는 사안입니다.

미·중 전략 경쟁 구도에서 한국, 일본, 러시아의 지역 협력은 엄청난 함의를 지니고 있습니다. 제가 주장하는 '결미연중

^{結美聯中} 플러스' 전략과 일치합니다. 러시아, 일본과 협력한다면 미국, 중국도 함부로 할 수 없는 중요한 연대^{連帶}가 형성됩니다.

21세기에 미·중 전략 경쟁이라는 상수 속에서 세계 질서를 안정적으로 유지하고 우리에게 유리한 공간을 만들어나갈 지렛대를 가져야 합니다. 일본이나 호주, 인도, 독일 등을 끌어들여 전략적 연대, 축^軸을 만드는 작업이 필요합니다.

미국도 우리를 보고 린치핀(Linchpin·외교적으로 꼭 필요한 동반자)이라 말하잖아요. 일본은 아시아태평양의 코너스톤(Cornerstone·중요한 역할을 담당하는 포지션)이라 하고요. 제가 보기에 중국 입장에서 태평양의 코너스톤은 북한, 린치핀은 한국으로 인식할 겁니다. 그래서 미·중 사이에 한국의 위상이 겹치고 있죠. 한국이 이 지위를 잘 활용하려면 외교 다각화와 연대로 무장해야 합니다.

이광재 그런 면에서 저는 여의도에 '외교·안보 연구처' 또는 '미·중·일·러 연구처'를 둬야 한다고 생각합니다. 국회의원들이 다른 나라 장관이나 정치인들을 만날 때 사전에 잘 준비하고 사후에 결과물을 축적해야 합니다. 국회 안의 외교 역량을 강화하기 위해 '국제전략 연구처' 같은 시스템을 만들 필요도 있다고 봅니다.

우리가 노력해야 할 또 다른 분야는 디지털 시민의 힘과 디지털 외교입니다. 전 세계 정치인들의 이메일과 페이스북 같은 SNS는 노출되어 있습니다. SNS에 한국의 기후변화 대응이나 프로젝트를 널리 알리고 홍보한다면 우리 의견에 동조하는 사람을 모을 수 있겠죠. 온라인 콘퍼런스도 할 수 있고요. 소프트 파워를 축적하는 것이죠. 디지털 외교에 자신감을 갖고 추진해야 합니다. 자, 이제 마지막 질문을 드리겠습니다. 우리의 외교·안보 전략에 꼭 필요한 사항은 무엇일까요?

김흥규 국회 안에 '전략 연구처'를 두거나 기존의 '입법 조사처' 기능을 강화할 필요가 있다고 봅니다. 이광재 의원님의 문제의식에 공감합니다. 대한민국처럼 역동적이고 강한 에너지를 가진 나라도 없습니다. 그 에너지를 어디에 어떻게 쏟아낼지 누군가 그 목표와 지향점을 제시해줘야 합니다. 방향을 제대로 지시할 지도자가 있다면 대한민국의 위상은 완전히 달라질 겁니다. 희망이 없다고 분노하거나 좌절해서는 안 됩니다. 학자 입장에서 말하자면, 대한민국에 새로운 힘을 불러일으킬 뜨거운 에너지가 가장 후진적이라고 비판받아온 정치권에서 분출하기를 진심으로 바랍니다.

이광재 우리 사회가 싱가포르처럼 혁신할 수 있다면 독일만 한 나라가 될 겁니다. 네덜란드처럼 변화했다면 대한민국 농촌도 일어섰겠죠. 미국 실리콘밸리처럼 혁신한다면 명실상부한 세계 3위 국가가 될 수도 있습니다. 싱가포르, 네덜란드, 미국이 세상에 없는 가상의 존재는 아니잖아요. 누군가 만들고 혁신하고 발전시킨 모델입니다.

　우리 모두 힘을 합쳐 절박하게 국가 역량과 지혜를 얻고자 총동원 체제를 구축한다면 미·중 전략 경쟁의 험난한 파고를

넘어설 수 있다고 믿습니다. 훌륭한 리더십의 소유자가 정치
권에서 나오기를 간절히 희망합니다.

미·중 갈등 심화 속에서
한국이 살아남는 길은 외교뿐이다

외교는 지혜의 결정체다. 대통령은 외교·안보·국방·남북 문제에
집중해야 한다. 미·중·일·러 4강의 박수 속에 한반도의 평화와 번
영을 이뤄내려면 어떻게 해야 할까? 대통령 직속으로 '외교안보 자
문회의'를 만들고, 4강 대사의 역량과 전문성을 강화해야 한다. 세
계적인 싱크탱크를 한국에 유치해 우리의 생각을 세계로 보내고
전 세계의 새로운 생각들을 한국으로 모아야 한다.

하나, 무너진 외교 능력을 바로 세우기 위해
외교 생태계를 복원하자.

현재 무너져 있는 한국 외교의 생태계를 복원하기 위해 우선 '국민
경제 자문회의'처럼 '외교안보 자문회의'를 만들어 정파를 초월한
생태계를 만들어야 한다. 대부처주의를 도입해서 외교 문제에 관
한 큰 그림을 그릴 수 있도록 하며, 미국의 CIA처럼 전직 외교부

장관들과 수석비서관들이 현직 대통령을 지속적으로 자문하는 시스템이 필요하다.

둘, 4대 강국의 대사로 최고 인재를 임명하자.

지금까지 미·중·일·러 4강의 대사들이 전문적인 능력을 가진 사람들로 임명됐는지 살펴보면서 아쉬움을 느꼈다. 앞으로는 최고의 해당 지역 전문가가 외교 대사로 임명되도록 해야 한다. 또한 일본 정부가 하듯이 대통령이 4강 대사들과 정기적으로 미팅해서 그들의 동향을 지속적으로 모니터링하고 실리를 취할 방안을 논의하자.

셋, 외교의 시야를 넓혀서 관계 다각화를 모색해야 한다.

우리가 한반도 주변국의 정세에만 몰두하고 있어서 안타깝다. 독일 같은 유럽 국가나 이스라엘, 호주, 몽골 등 제3지역의 국가들과 긴밀한 관계를 형성해야 한다. 4강 외교에만 휘둘리지 않고 한국의 입지를 굳힐 다양한 관계를 모색한다면, 외교 무대에서 존재감을 더욱 드러낼 수 있다.

Part II

혁신성장과
신자본주의

3장

북극성 시대에서 은하수 시대로 가야 할 때

대담자: 이광재 · 김태유

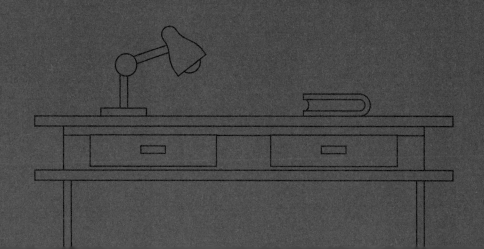

김태유
서울대학교
산업공학과 교수

1951년 서울에서 태어나 서울대학교 공대를 졸업했다. 미국 웨스트버지니아 대학교에서 경제학 석사학위, 콜로라도CSM 대학교에서 자원경제학 박사학위를 받았다. 미국 아이오나IONA 대학교 경영시스템학과 교수에 이어 서울대 공대 교수, 한국자원경제학회 회장 등을 두루 역임했다. 2003년 초대 대통령 정보과학기술수석보좌관으로 임명돼 신성장동력산업 육성, 이공계 공직 진출, 과학기술부총리 신설 등의 정책을 추진했다. 요즘에는 경제학·역사학·과학기술을 아우르며 국가 발전을 위한 정책연구와 강연·저술 활동에 몰입하고 있다. 저서로는 《한국의 시간》, 《패권의 비밀》, 《은퇴가 없는 나라》, 《국부의 조건》, 《정부의 유전자를 변화시켜라》 등이 있다.

김태유 교수는 서울대 자원공학과에서 에너지 정책을 연구하다가 산업공학과로 옮겨 경제학·역사학·과학기술을 아우르는 4차 산업혁명과 국가 발전 전략을 연구해왔다. 2018년 초청강연 '패권의 비밀: 4차 산업혁명 시대 부국의 길'은 유튜브 동영상 조회 수 400만 회에 육박하고 있다. 최근 국가의 방향을 제시하는 《한국의 시간》을 출간했다. 언제부턴가 '4차 산업혁명'은 우리에게 낯설지 않은 키워드가 됐다. 실제로 하루가 멀다 하고 4차 산업혁명과 혁신의 기치를 내걸고 수많은 벤처기업(신생 기업)과 아이디어가 등장하고 있다. 과연 오늘날의 세계를 어떻게 바꿀 것인가? 과연 우리에게 어떤 새로운 기회를 줄 것인가? 변화의 시대에서 뒤떨어지지 않으려면 무엇이 필요하고 어떻게 혁신을 이루어야 할 것인가? 이런 다양한 궁금증을 풀어보기 위해 김태유 교수와 만나 이야기를 나눴다.

국가 발전의 핵심 원리

이광재 의원(이하 이광재)　　시간 내주셔서 감사합니다. 교수님의 유튜브 강연 '패권의 비밀'이 400만 회 가까이 조회된 것으로 알고 있습니다. 저는 굉장히 예외적이라고 생각했어요. 이토록 많은 사람이 왜 2시간이나 되는 길고 어려운 내용을 찾아봤을까요?

김태유 교수(이하 김태유)　　그 질문은 영상을 보신 분들이 답해주셔야 더 정확할 것 같은데요. 저는 평생 국가 발전 전략을 연구했습니다. 제 강의는 일부 지식층이나 사회 지도층들에게 의미가 있을지 몰라도 일반 대중에게는 큰 관심을 끌지 못할 줄 알았습니다. 아마도 요즘 중진국의 함정에 빠진 우리 현실과 청년실업, 노인 빈곤, 코로나19 팬데믹 등에 지친 국민 대중의 국가 발전에 대한 열망 때문이 아니었을까 합니다.

이광재　　지금 말씀하신 대로 새로운 것에 대한 갈구가 있었죠. 교수님께서는 평생 국가 발전 전략에 관해 연구해오셨습니다. 동서양의 역사를 꿰뚫는 국가 발전의 핵심 원리는 무엇입니까?

김태유　　한마디로 정의하자면 '산업혁명'입니다. 18세기 산업혁명 이후 지금까지 약 300~400년 동안 인구 10배 이상, 소득 10배 이상, 총생산량 200배 이상 증가했습니다. 평균수명도 30세 전후였는데 2배 이상 늘어났습니다. 영양 상태가 좋아져서 인종과 국적을 불문하고 산업혁명 전후로 키 차이가 10cm 이상 커졌습니다.

또 하나, 산업혁명 이전에는 지배 국가와 노예 국가가 나뉘는 일관성 있는 기준이 없었습니다. 시저 같은 영웅이 나타나면 로마가 세계를 지배하고, 칭기즈 칸이 나타났을 때는 몽고가 세계를 지배하는 식이었죠. 그런데 산업혁명이 일어난 이후로는 산업혁명에 성공한 나라는 전부 지배국가로, 실패한 나라는 예외 없이 식민지로 편입됐습니다. 산업혁명에 실패하고도 정치적 식민지를 면한 몇몇 나라는 있었지만, 경제적 식민지를 면한 나라는 단 하나도 없었습니다.

이광재 산업혁명에 성공하려면 여러 핵심 요소가 필요합니다. 새로운 기술과 이를 실행할 기업이 있어야 하죠. 기술은 어떤 식으로 진화하는지, 기술의 획기적인 진화를 위해 무엇이 중요한지 궁금합니다.

김태유 기업과 기술은 함께 발전하기 마련입니다. 여기에서 중요한 요소는 '자유시장'입니다. 자유시장에서 생산자와 소비자가 만나 물건을 사고팔고 이윤을 극대화해야 '확대재생산'이 가능하기 때문입니다. 이렇게 물건을 사고팔고 이윤이 창출되어 자본으로 축적되는 과정에서 경제가 발전하고 기술도 발전합니다. 확대재생산에 의한 국가 발전을 '내생적 성장'이라고 합니다. 국내에서 시장 주도로 경제가 발전한다는 의미입니다.

그렇지만 선진국은 빨리 발전하고, 후진국은 늦게 발전하기에 후발국이 선진국을 추격하려면 자유시장만으로는 안 됩니다. 정부가 개입해 기업과 기술이 빨리 발전하도록 정책적 도움을 줘야 합니다. 이것을 '외생적 성장'이라고 부릅니다. 국가 경제는 크게 봐서 이 두 가지 방법으로 발전하는 것입니다.

후발국이 선진국을 추격해 앞선 사례도 있습니다. 최초로 영국이 네덜란드를 앞섰고, 미국이 영국을 극복한 사례, 또 독일과 일본의 사례 등이 있죠. 이들은 정부의 적극적인 산업정책에 의한 외생적 성장으로 선진국을 추격하고 추월했습니다. 한국과 대만의 '절반의 성공', 중국의 약진도 외생적 성장의 성과입니다.

이광재 국가 발전의 가장 중요한 핵심은 산업혁명에 성공하는 것이고, 그러려면 기술과 기업이 함께 진화해야 하며, 그 방법에는 내생적 성장과 외생적 성장이 있다는 말씀이신 거죠. 그런데 경제학적 관점에서 보면 왜 중국에서 산업혁명이 발생하지

국가 발전의 가장 중요한 핵심은 산업혁명에 성공하는 것이고, 그러려면 기술과 기업이 함께 진화해야 하며, 그 방법에는 내생적 성장과 외생적 성장이 있어야 합니다. 또한 특허와 자본이 만나야 '기술 신화'가 일어난다는 점 역시 중요한 시사점이겠네요.

않고, 영국에서 산업혁명이 일어났는지 논쟁의 소지가 있습니다. 이에 대해서는 어떻게 생각하시는지요? 특히 송나라의 경우 당시 세계 국내총생산GDP의 40%를 생산할 정도였습니다. 석탄도 보유하고 있었고 기술력도 있었고요.

김태유   중국을 포함한 동북아시아가 세계 문명의 중심이었던 것은 사실입니다. 유럽에서 산업혁명이 일어난 이유는 기업과 자본이 있었기 때문입니다. 엄청난 부자는 중국에도 많이 있었지만 오래 유지되지 못했습니다. 왜냐하면 정치 권력이나 높은 신분을 가진 사람들이 평민 장사꾼이 번 돈을 강제로 빼앗아 갔거든요. 상업과 이윤을 부도덕하다고 생각했기 때문에 상인의 사회적 신분이 낮았고, 정치 권력이 상업으로 번 돈을 빼앗아 가도 사람들이 크게 비난하지 않았습니다. 기업이 자본을 축적할 수 없었어요.

하지만 네덜란드에서는 상인들이 제후로부터 자치권을 매입하여 정치 권력과 사회적 신분을 모두 갖게 됐습니다. 동인도회사라는 기업을 만들어서 돈을 모은 다음에 원금을 10년 이상 묶어두고 이윤을 배분했고요. 그래서 '자본'이라는 새로운 생산요소가 생겼습니다. 산업혁명의 기반은 기업의 자본입니다. 자본을 중심으로 기술혁명이 일어나고 경제가 발전합니다.

이광재   정리하자면 농경시대에는 돈 많은 사람은 있었어도 권력을 다른 사람이 갖고 있었고요. 네덜란드에서 산업혁명이 일어났을 때는 주도 세력이 상업 자본이었는데, 이들이 권력을 가져서 사회를 바꾸었다고 할 수 있네요. 제가 알기로 영국의 산업혁명이 성공한 배경엔 특허제도도 있습니다. 누구든 아이디어만 있으면 특허를 얻을 수 있었죠. 미국도 전 세계에서 유일하게 특허제도를 헌법에 명시한 나라입니다. 특허를 보호하고 특허 기업들을 육성한 게 산업혁명의 견인차 역할을 했다고 봅니다.

김태유 영국의 제임스 와트가 증기기관을 개발해 사업가 매튜 볼튼과 함께 '볼튼 앤드 와트' 사(社)를 차렸을 때는 특허 기간이 이미 반쯤 지난 시점이었습니다. 당시 특허 기간은 14년이었는데 남은 기간에 기술을 완성해서 제품을 생산해도 경쟁자들이 모두 똑같이 복제해서 큰돈을 벌지 못할 게 뻔했습니다. 와트와 볼튼은 대영제국 의회에 특허 기간 연장을 청원했습니다. 치열한 토론 끝에 의회는 약 30년까지, 그때부터 20년 이상 특허 기간을 확보할 수 있었던 거죠. 어떻게 보면 원칙과 형평성을 위반한 결정이었지만, 이것이 영국을 세계적인 제국으로 만들고 산업혁명을 성공시키는 데 결정적인 기여를 합니다. 정치인들의 국가 사회적 가치판단이 얼마나 중요한지 잘 보여주는 사례입니다.

이광재 특허제도가 산업 발전을 위해 굉장히 중요하고, 특허와 자본이 만나야 '기술 신화'가 일어난다는 점 역시 중요한 시사점이겠네요. 폴 케네디 예일 대학교 교수가 쓴 《강대국의 흥망》의 한 구절이 떠오릅니다. "국력은 경제력에서 나오고 경제력은 기술과 기업에서 나온다"는 것입니다.

4차 산업혁명과 교육 혁신

이광재 특허 이야기를 좀 더 해보겠습니다. 인재가 있어야 특허를 만들 수 있잖아요. 영국의 경우 처음에는 아크라이트 방적기를 만든 아크라이트 같은 사람들이 단순 기술자였지만, 이들이 서서히 기술에 과학을 접목시켜 과학자로 발전하지 않습니까? 결국 대학과 결합하면서 특허 기술이 폭발적으로 진화하는데요. 그렇다면 인력 양성과 특허는 떼려야 뗄 수 없는 관계가 아닐까요?

김태유 아주 밀접한 관계가 있죠. 우수한 사람이 기술과 기업 쪽으로 모이는 나라는 발전하고, 그렇지 않은 나라는 쇠퇴한다는 사실은 영국과 프랑스 사례에서 잘 드러납니다. 영국의 귀족 자제들은 기업과 기술 쪽으로 진출했는데, 프랑스의 귀족 자제들은 전부 기사가 됐어요. 결국 국토가 2배, 인구가 3배 이상이었던 프랑스가 영국과의 치열한 경쟁에서 단 한 번도 이기지 못합니다.

이광재 4차 산업혁명 시대에 기술 발전과 교육 혁신은 긴밀한 관계인데요. 예전의 사례들을 보더라도 네덜란드는 세계 최초로 공립초등학교를 만들었고, 영국은 왕립아카데미를 운영했습니다. 독일은 프리드리히 대왕이 아이를 학교에 안 보내면 부모를 불러서 체벌하는 강력한 정책을 쓰기도 했어요. 드레스덴 공과 대학교를 만들어서 오늘날 산학협력 부분에서 후발 국가가 일어서는 전기를 마련했고요. 미국은 성직자 하버드

가 하버드 대학교를 만들었고, 주립대학교를 만들면 국가가 3,600만 평의 땅을 무상증여 하는 혜택을 줬습니다. 미국이 후발 산업혁명 국가였지만 세계 제일로 일어섰고요. 이런 사례들을 볼 때, 현재 대한민국의 교육과 기술혁명의 관계를 고려하면 제대로 잘하고 있는지 궁금합니다.

김태유 과거에는 특정 분야나 기간산업 분야를 열심히 공부하고 선진국을 뒤쫓아 흉내 내는 벤치마킹 시대였습니다. 그래서 저는 과거 초기 산업사회를 '북극성의 시대'라고 부릅니다. 모든 뱃사람이 똑같이 북극성을 보고 방향을 잡았거든요. 그런데 미래 지식산업사회는 '은하수의 시대'입니다. 기간산업과 관계없이 할 수 있는 산업 종목이 너무 많습니다. 앞으로는 아주 다양한 교육제도를 자유롭게 실시하고, 어떤 것을 잘할 수 있고 무엇을 하면 재미있고 유익한지 그 방향을 따라야 합니다. 그런데 우리나라는 아직도 과거 산업시대에 수립해놓은 획일화된 교육을 그대로 끌고 가고 있습니다. 이것이 4차 산업혁명에 엄청난 지장을 초래한다고 생각합니다.

이광재 과거의 우리나라 교육 방식은 외우고 모방하는 것이었습니다. 앞으로는 질문하는 나라, 창조하는 나라가 되어야 할 텐데요. 지금까지 외우는 공부만 계속하는 것은 문제가 있다고 생각합니다. 그런데 우리는 현재 대학교에서 과 하나만 바꾸려 해도 쉽게 못 바꾸잖아요. 이런 것들은 어떻게 해야 할까요?

김태유 국가가 독점하고 있는 교육에 대한 획일화된 권한을 이양해야 합니다. 여기에는 여러 방법이 있습니다. 하나는 지방자치 단체에 이양하는 방법입니다. 우리나라에는 지자체별로 특성화된 교육이 없습니다. 또 하나는 교육 카테고리를 어느 정도 규정해서 연구 중심의 교육기관인가, 교육 중심의 교육기관인가에 따라서 다양한 교육 기준을 만들어 대학별로 원하는 기준에 알맞은 학생들을 배출해야 합니다. 제조업에 필요한 인재도 필요합니다. 과거의 전통산업이 어느 날 갑자기 다 없어지진 않으니까요. 또 미래 산업에 필요한 교육도 해야 하니까 제각기 다양한 교육의 방향성을 인정해주는 것이 중요하다고 생각합니다.

이광재 앞으로 연구 분야는 미래 산업과 기술에서 발현될 가능성이 있지만, 일반적인 교육 지식 부분은 광범위하게 보편적으로 될 텐데요. 하버드 대학교나 스탠퍼드 대학교, 옥스퍼드 대학교 같은 세계적인 명문대학들이 무료로 온라인 강의를 제공하면 일반 지식이 충분하게 공급되지 않을까요? 이렇게 된다면 한국 대학이 살아남을 수 있을까요?

김태유 현재 대학 형태로는 살아남기 어려울 것입니다. 교수의 역할이 바뀔 것 같습니다. 과거에는 강의하는 교수였지만, 앞으로는 하버드 대학교나 스탠퍼드 대학교의 강의를 듣고 함께 공부하면서 도와주는 역할로 바뀔 가능성이 높습니다.

일자리 증대와 사회 시스템의 변화

이광재 교수님께서 '북극성의 시대'와 '은하수의 시대'를 언급하셨습니다. 세계적인 미래학자 제레미 리프킨은 4차 산업혁명이 진행되면 과거와 달리 우주나 바다, 생명과학, 게임, 사이버 세계가 무한정 늘어나기 때문에 새로운 일자리도 많아질 거라고 내다봤습니다. 반면, 인공지능AI과 로봇이 보편화되면 일자리가 줄어든다는 주장도 팽팽합니다.

김태유 저는 일자리가 늘어난다고 확신합니다. 생산이나 제조업 분야의 일자리는 줄어들 게 틀림없어요. 가령 옛날에는 흙을 팔 때 사람 100명이 삽질을 했다면, 지금은 포크레인 몇 대가 합니다. 앞으로는 AI를 장착한 포크레인 한 대가 몇백 명이 할 일을 대신할 수도 있고요. 그 대신 가치 창출은 훨씬 늘어납니다. 삽질보다 포크레인이 파는 흙의 양이 10배 더 많고, AI 로봇으로는 100배 더 많아지죠. 그리고 한번 창출된 가치는 어딘가에서 소비되기 마련입니다. 즉, 소비 쪽에서 엄청나게 많은 직업이 창출된다는 뜻입니다.

이광재 에디슨이 1905년에 제너럴 일렉트릭GE · General Electrics를 세우고 전자레인지, 세탁기, 냉장고 등을 만들어서 가전 시대를 열었는데요. 결과적으로 직업 수는 늘었습니다. 현재에도 기술 발전이 일자리를 늘릴 수 있으리라 생각합니다. 다만 선발주자는 새로운 일자리를 많이 늘려나갈 수 있지만, 후발주자는 상당히 고통스러울 수도 있습니다. 이것이 4차 산업혁명 시대의 특징이 아닐까요?

김태유 4차 산업혁명 이후의 지식산업사회는 선승독식의 시대, 즉 먼저 간 사람이 전체를 장악하는 시대가 올 것입니다. 후발주자와 선발주자의 차이가 극적으로 커지리라 봅니다.

이광재 현재 우리나라는 어떤 상태에 있고 어떤 전략을 써야 한다고 보십니까? 4차 산업혁명 경쟁에서 앞서 나가려면 어떻게 해야 할까요?

김태유 우리는 선진국 그룹에는 못 들어갔고, 예비 선진국 그룹으로서 바짝 뒤쫓고 있습니다. 이제부터라도 앞서가야죠. 우리가 갈 길과 미국, 중국, 영국이 갈 길이 크게 다르지 않습니다. 똑같은 길을 누가 먼저 가는지 이것이 중요합니다.

과거에 산업혁명의 물결이 동북아시아로 들어올 때, 중국은 서양을 따라잡기 위해 양무운동(19세기 중국 청나라에서 일어난 근대화 운동)을 했습니다. 그런데 청불전쟁에서 프랑스에 형편없이 졌고, 중국보다 7년 늦게 메이지유신(19세기 후반 일본 메이지 천황 때 일본 자본주의 형성의 기점이 된 변혁의 과정)을 한 일본한테도 졌어요. 양무운동이 왜 실패했는지 살펴보니까 '중체서용中體西用'이라 해서 국가제도는 그냥 두고 기술만 배우려고 했던 거예요. 그런데 일본은 '화혼양재和魂洋才' 구호 아래 기술을 배웠고 제도도 바꿨습니다. 일본은 산업혁명에 성공해 영국, 프랑스와 어깨를 나란히 하는 강대국이 됐죠.

우리 조선은 어땠나요? '위정척사衛正斥邪'라고 해서 주자학으로 나라를 지키자며 산업혁명을 거부하고 결국 나라를 잃었습니다. 절반을 성공한 청나라, 완전히 성공한 일본, 완전히 실패한 조선, 이렇게 세 나라 근대사의 명암이 완전히 갈라졌죠. 그래서 우리가 지금 4차 산업혁명에 전력을 다해야 합니다.

지금 우리가 왜 4차 산업혁명에 성공하지 못하고 있는가. 우리나라에 4차 산업혁명을 소개하거나 도입한 분들이 대부분 과학기술자입니다. AI, 사물인터넷, 로봇, 빅데이터를 연구하는 분들의 말씀이 맞지만, 그것은 현미경으로 본 세상이에요. '제도'라는 숲을 본 게 아니라 기술이라는 가지만 본 것입니다. 대통령 직속으로 4차 산업혁명 위원회가 있지만 기술 분과만 있지 제도 분과는 없습니다. 쉽게 말해 우리가 추진하는 4차 산업혁명이 중국이 실패한 양무운동처럼 되고 있으니 하루빨리 제도 혁신을 추진해야 한다고 생각합니다.

이광재 부모의 재산이 자녀의 교육 격차를 만들고, 직업이나 소득 격차로 이어져 전 세계적으로 계급이 고착화되고 있습니다. 계층 변동성이 컸던 과거와 달리 계층 사다리가 사라져 전 세계 젊은이들이 분노하고 있습니다. 2008년 글로벌 금융위기 이후 '월가를 점령하라'는 전대미문의 시위가 발생했던 것도 1%만을 위한 세상이라는 분노 때문이었죠. 계층 상승의 사다리를 만들고 젊은이들에게 희망을 주는 사회 시스템을 어떻게 만들 수 있을까요?

김태유 후기 산업사회에서는 규모의 경제, 범위의 경제가 작용해 승자독식 세상이 되어 계층 이동 사다리가 무너졌습니다. 하지

만 4차 산업혁명의 새로운 시대가 오면 엄청나게 많은 벤처기업이 새로 생기게 되죠. 과거에 무너진 사다리가 복원될 수 있는 시대가 왔습니다. 지식산업사회, 즉, 4차 산업혁명이 만들어나갈 사회라고 봅니다. 그러니까 정부가 잘 도와주면 우리나라에 소위 '개천에서 용이 나는' 시대가 다시 올 수 있습니다.

이광재 외국 논문 중에서 산업혁명, 즉 기술혁명이 일어나면 오히려 국민소득이 늘어나고 빈부격차가 줄어든다는 논문이 있더군요. 일정 시간이 지나면 빈부격차가 생기기 시작하고요. 지금 이야말로 새로운 기술혁명이 시작됐고, 수많은 벤처기업 등으로 창업이 활성화돼서 고착화된 계급이 다시 깨지고 새로운 사회로 진화할 에너지가 생길 때입니다.

김태유 그렇게 볼 수 있죠. 산업사회 이후 금융자본주의 시대가 오면 빈부격차가 커지지만, 산업사회가 발전하는 동안에는 빈부격차가 줄어듭니다. 생산이 고용을 대량으로 창출하기 때문입니다. 영국에서 산업혁명이 일어났을 당시 영국 노동자의 실질소득은 네덜란드보다 훨씬 낮았는데, 산업혁명이 어느 정도 진행된 다음에는 네덜란드의 2배가 됐다는 기록이 있습니다. 기술과 산업이 발전하면 일부 기업가만 잘살게 되는 것 같지만, 실제로는 일반 대중이 혜택을 받게 됩니다.

우리나라의 빈부격차가 심해진 시기는 대략 1980년대 이후입니다. 금융이 산업을 압도하는 신자유주의 시대가 와서 가치를 창출하지 않고 돈 버는 사람이 많아져서 그렇게 됐습니다. 지금 우리가 해야 할 일이 두 가지 있습니다. 하나는 투기 같은 불로소득을 없애서 경제가 건실하게 성장하고 고용을 창출하는 것이며, 다른 하나는 빨리 4차 산업혁명이라는 새로운 은하수의 시대를 맞이해서 각자 가진 역량에 맞는 별을 찾고 능력을 최대한 발휘할 기회를 주는 것입니다.

인적 쇄신을 통한 정부 혁신

이광재   교수님께서는 그간 한국 사회에서 세 가지 혁신을 이루어야 한다고 주장했습니다. 은하수의 시대를 열고 국민이 행복하게 살려면 정부 혁신·사회 혁신·대외 혁신이 필요하다고 하셨어요. 정부 혁신을 추진할 때 제일 중요한 것은 무엇일까요?

김태유   은하수의 시대가 되면 특정 산업을 꼭 해야 할 필요는 없습니다. 무엇보다 **탈殿규제를 해야 합니다. 기업가들이 좋은 환경에서 기업 활동을 하도록 해줘야 해요. 어떤 종목을 해야 할지는 기업가들이 가장 잘 압니다. 정부는 기업 하기에 나쁜 환경을 좋은 환경으로 만들어주기만 하면 됩니다.**

이광재   과거에는 우리 관료사회가 엘리트 위주였다고 볼 수 있지만, 지금은 인센티브 시스템 때문에 관료사회보다 민간에 더 유능한 사람이 많습니다. 지금은 관료가 민간을 끌고 가기에는 부족한 점이 많습니다. 관료사회의 리더십을 바꾸는 시스템이 필요하다는 지적이 있습니다. 이에 대해서 어떻게 생각하세요?

김태유   물론입니다. 그러나 관료의 리더십을 포기해서는 안 됩니다. 왜냐하면 앞으로도 관료사회는 또 다른 중요한 역할을 해야 하기 때문입니다. 관료들이 민간 기업이 사업을 할 수 있는 좋은 환경을 잘 만들어주지 않으면 나라가 발전할 수 없거든요. 필요한 규제는 해주고 필요 없는 규제는 풀어주는 일을 관료들이 해줘야 합니다. 이것은 다수의 일반 행정 관료가 아니라 소수의 엘리트 관료가 해야 할 일입니다. 기업이 잘할 수 있는 환경을 만들어주면 기업 활동은 민간 기업가한테 맡겨야죠.

이광재   현재는 9급 공무원 시험에도 대졸자들이 앞다퉈 지원하고 공무원 선호 현상이 팽배합니다. 공직에서 1만 명을 뽑으면 경쟁률이 30 대 1 정도입니다. 우수한 젊은이 30만 명이 노량진 같은 고시촌에 몰려 있는 셈이죠. 이렇게 해서 우리나라가 4차 산업혁명을 성공적으로 이끌 수 있을까요?

김태유 이대로는 절대로 성공할 수 없죠. 우수한 젊은이들이 공무원 시험공부를 하려고 획일화된 지식을 암기하는 것은 아주 잘 못된 일입니다. 우리나라의 엘리트들이 현재 9급 공무원이 되어 주민센터 업무 같은 일반 행정사무를 하고 있거든요. 요즘 주민센터에 가면 친절하고 좋은 서비스를 받을 수 있지만, 멀지 않은 장래에 주민센터는 무인화됩니다. AI와 로봇으로 싹 바뀌어요. 증명서를 떼는 일 같은 경우 사실 사람이 갈 필요도 없고 사람이 있을 필요도 없는 거예요. 그래서 우리나라의 우수한 젊은이들이 그런 데서 일을 하면 앞으로 이 사람들이 30대가 되고 40대가 됐을 때는 할 수 있는 일이 없어질지도 몰라요. 공직사회 선호 풍조를 빨리 없애야 합니다.

경제가 발전하면 복지 공무원이 많이 필요합니다. 공무원 숫자가 늘어야 해요. 그런데 복지 일이라는 게 다양한 사회 계층을 아울러야 하고, 시험을 잘 본 20대 젊은이들만 잘할 수 있는 영역은 아닙니다. 복지 분야에서 일하는 행정공무원들의 상당수를 베이비부머(1955~1974년 사이에 출생한 사람들), 조기 퇴직자, 경력단절 여성 등으로 채우고, 젊고 유능한 사람들을 4차 산업혁명 쪽으로 유도해야 합니다.

사회 혁신의 핵심: 이모작 사회

이광재 크게 보면 복지 영역에서 이런 정책도 활용해볼 만하겠군요.

그다음 질문을 하겠습니다. 사회 혁신과 관련해 가장 중요하게 생각하는 점은 무엇인가요?

김태유 크게 두 가지 측면에서 볼 수 있습니다. 하나는 저출생·고령화 문제가 심각해지고 있습니다. 어떤 외국 학자는 지구상에서 가장 먼저 소멸할 나라가 한국이라고 발표했어요. 지난 15년간 우리나라가 약 268조 원이라는 엄청난 예산을 투입했는데도 합계출산율은 0.92명(2019년)으로 떨어졌습니다. 저는 앞으로 출생율을 높일 수 있다고 생각하지 않습니다. 산업혁명 전후의 세계 인구를 5~7억 명 정도로 보는데 지금 거의 80억 명이 됐거든. 머지않아 100억, 200억 명으로 증가하면 지구 생태계는 무너져버립니다. 경제발전에 따른 출생율 저하는 어쩌면 지구라는 한정된 공간에서 인류가 오랫동안 번영할 수 있는 놀라운 적응력일지도 모릅니다.

또 하나는 평균수명이 길어졌습니다. 1990년까지 우리나라의 평균수명이 70세였거든요. 60세부터 10년간 부양하면 됐어요. 지금은 80세로 늘어났습니다. 부양 기간도 20년으로 2배 늘어났으니 이들을 부양하려면 경제활동 인구를 2배로 늘려야 합니다. 같은 논리로 평균수명이 90세가 되면 인구가 3배 늘어야 하는데, 안 그래도 인구밀도가 높은 우리나라에서 인구가 1억~1억 5,000만 명이 되면 나라 전체가 인구 폭탄 때문에 망할 거예요. 애를 많이 낳는 노력도 해야 하지만, 이런 식의 해법은 올바른 방향이 아닙니다.

이광재 2020년 기준으로 우리나라의 생산가능인구 100명이 20명을 부양했는데 앞으로 10년 뒤면 100명이 40명을 부양해야 한다고 하는데요. 10년 만에 딱 2배가 됩니다. **지속 가능한 사회가 되려면 그만큼 사회적 부를 증대하면서 동시에 75세까지 일하는 사회를 만드는 방안을 한꺼번에 모색해야 활로가 열리겠죠.**

김태유 발달심리학에서는 사람의 지능을 두 가지로 나눕니다. 젊은 사람의 혁신역량 같은 것을 '유동지능'이라 하고, 나이가 들면 올라가는 '결정지능'은 경험과 경륜에 의한 것입니다. 젊었을 때는 유동지능을 이용하는 4차 산업혁명과 관련된 창의적이고 혁신적이고 개념·설계적인 일을 하다가, 나이가 들어 그쪽에서 능력을 더 이상 발휘할 수 없어질 때 결정지능을 쓰는 직업으로 옮기면 한 사람이 인생을 통해 두 번의 전성기를 맞이할 수 있습니다.

이광재 이 문제를 해결하려면 어렸을 때부터 죽을 때까지 공부해야 합니다. 마치 톨스토이가 치매에 걸리지 않으려고 《노자》를 러시아어로 번역했던 것처럼요. 결국 이전에 말씀하신 것처럼 젊은 시절에는 뇌를 쓰는 영역을 공부하고, 나이가 들어서도 일할 수 있는 영역을 공부하면서 매 순간 스스로 변화해야 하겠네요. 앞으로 보통 10개 정도의 직업을 가지고 살아야 한다고 예측하는데요. 그렇다면 이전 과정에 대한 교육 시스템을 어떻게 가져가야 하는지 상당히 중요한 문제가 되겠어요.

김태유 젊어서는 4차 산업혁명과 관련된 공부를 시켜서 그 능력을 최대한 활용하고, 나이가 들어서 유동지능이 떨어지고 결정

지능이 올라갈 때 중년에 한 번 완전히 재교육을 해서 일모작 직업에서 이모작 직업으로 갈아타도록 해야 합니다.

이광재　중국 최초의 통일 왕조 진나라는 변방 유목민족의 문화를 받아들이고 농경과 유목을 합하면서 일어섰습니다. 그리스도 이오니아라는 찬란한 문화의 영향을 받으면서 발전했고요. 결국 사회에서 융합하는 역량, 작게는 문과·이과의 융합, 이를 어떻게 가꾸느냐가 국가 발전에 중요한 요소가 될 수 있지 않을까요?

김태유　융합도 중요하지만 다양성도 중요하다고 봐요. 다양성을 존중해서 융합하는 학과도 만들고, 전통학과도 유지하며 연구를 중심으로 깊이 공부하는 학과도 있고, 교육 중심으로 빨리 공부하는 학과도 있어야 합니다. 가장 먼저 해야 할 일은 지금의 고등교육 체제를 획일화에서 다양화로 완전히 바꾸는 일입니다.

대외관계 혁신과 북극 항로

이광재　이제 대외관계 혁신 쪽으로 화제를 돌려보겠습니다. 우리가 미국·중국·일본·러시아 사이에 산다는 것은 큰 위험이자 기회입니다. 대외관계에서 무엇을 혁신해야 대한민국이 한 단계 도약할 수 있을까요?

김태유　"길이 열리면 시대가 열린다"라는 말을 자주합니다. 그만큼 길은 중요합니다. 생산의 부가가치보다 유통·상업·물류의 부가가치가 훨씬 크기 때문에 길이 열려야 부_富가 엄청나게 창출되고 새로운 시대가 열립니다. 지금까지 우리 한민족은 인류 문명의 중심에 설 기회가 한 번도 없었습니다. 최근 지구온난화 때문에 북극 항로가 녹기 시작했어요. 이 항로는 대한해협을 꼭 지나가야 합니다. 지난 5,000년 동안 선조들이 갖지 못한 기회가 지금 우리에게 생긴 것이죠.

저는 4차 산업혁명 시대의 물류가 북극 항로를 중심으로 엄청나게 늘어 날 것이라고 확신하기 때문에 그에 맞춰 국가 전략을 세워야 한다고 생각합니다. 북극 항로가 대한해협을 거쳐 베링해협까지 올라가면 동서로 갈라집니다. 북동항로와 북서항로인데요. 우리에겐 특히 북동항로가 중요합니다. 북동항로의 대부분은 러시아 영해를 지나갑니다. 러시아 영해를 벗어날 수는 있지만 벗어나면 북극의 얼음이 두꺼워서 갈 수 없어요. 러시아 영해로 가야 얼음이 얇거든요. 그래서 북극 항로와 러시아를 중심으로 새로운 도약의 기회를 꼭 잡아야 합니다.

이광재 북극 항로가 기본 수심이 12m밖에 되지 않기 때문에 실제로 물동량이 굉장히 적을 것이라는 주장에 대해서는 어떻게 생각하세요?

김태유 우리는 북극 항로에 적응할 수 있는 배를 만들 능력이 있습니다. 세계 5대 조선사 중에 1, 2, 4등 세 곳을 우리가 갖고 있습니다. 우리나라의 조선 능력은 정말 독보적이에요.

이광재 에너지 부분과 관련해서 원자력선(원자로에서 얻는 에너지를 추진동력으로 이용하는 배)을 이야기하는 학자가 많습니다. 아직 미완성 기술인 소형모듈원자로SMR·Small Modular Reactor를 사용하는데 미국하고 러시아가 이 기술에서 앞서나가고 있죠. 이 부분에 대해서는 어떻게 보세요?

김태유 저는 원자력 이외에는 대안이 없다고 봅니다. 미국은 우리한 테 그 기술을 줄 이유가 없고, 우리가 사온다 하더라도 굉장히 비싼 값을 내야 할 겁니다. 하지만 러시아는 조선 능력이 없기 때문에 우리의 조선 능력과 러시아의 핵잠수함의 SMR 기술을 교환할 수 있겠죠. 한반도는 연해주하고 맞닿아 있기도 하고요.

이광재 연해주에서 할 수 있는 가장 좋은 프로젝트는 무엇일까요?

김태유 러시아와 한국이 특별한 관계를 맺어서 양국이 한국 기업과 러시아 기업에 경제적으로 대등한 지위를 주면 됩니다. 연해 주에 우리나라 기업이 대거 진출해 북한 노동자를 데리고 와서 러시아의 감독하에 개성공단 같은 거대 공업단지를 만드는 것입니다.

이광재 일본은 러시아 유전에 투자를 많이 하고 있고, 미국도 겉으로 는 러시아를 봉쇄하고 있는 것처럼 보이지만, 실제로 러시아에 투자하고 있죠. 한국은 의외로 러시아에 투자가 잘 안 되고 있어요. 전환점이 있어야 할 것 같습니다. 미·중·일·러가 어떻게 북극 항로에서 공존하는 체제를 만들 것인지 중요해보입니다.

대한민국의 미래와 혁신 목표

이광재   한국이 정말 세계적인 나라가 되고, 우리 사회가 한층 더 진화
하려면 기업가들이 어떤 정신으로 사회에 기여하면 좋을까
요?

김태유   모든 기업가가 자기 기업을 최대한도로 키우려 노력하면 국
가 경제가 함께 발전합니다. 우리나라 기업가들에게 자유를
줘야 합니다. 그것이 제일 중요하죠.

     고용을 많이 하고 중소기업과 동반성장 하는 것이 중요하
지요. 가장 바람직한 기업은 더 높은 이윤을 창출하고 더 큰
자본을 축적해 우리 사회에 두터운 중산층을 형성하는 기업
입니다. 기업이 있기 전에는 특권층과 빈민층만 있었습니다.
기업이 안정적인 고용을 창출하면서 중산층이 형성됐죠. 이
거야말로 기업의 최대 공헌입니다.

이광재   4차 산업혁명 시대의 기업들은 상업시대의 기업, 산업혁명
시대의 기업과 어떻게 달라야 할까요? 새로운 문명의 주도권
을 과연 누가 쥐게 될까요?

김태유   문명의 주도권은 4차 산업혁명에서 먼저 성공한 나라가 갖게
되겠죠. 지금 제일 앞서가는 나라는 미국입니다. 애플·구글·
아마존 같은 기업이 있으니까요. 앞으로 다가올 은하수의 시
대에는 큰 별도, 작은 별도 공존할 수 있어 벤처기업 같은 중
소기업도 존재하고, 여러 개의 벤처기업을 거느리는 기업 집
단도 존재할 것입니다.

이광재 우리나라가 문명국가로서 존경받고 전 세계가 부러워하는 행복한 나라가 되려면 어떻게 해야 할까요? 만약 교수님께서 미래의 대통령이 돼서 그동안 연구해온 국가 발전 전략 가운데 딱 세 가지를 선택할 수 있다면 무엇을 해보고 싶은가요?

김태유 제가 대통령이 될 리도 없고 꿈꿔본 일도 없습니다. 제가 쓴 책에도 이렇게 적었습니다. "나는 명검을 만드는 도공인 셈이다. 내가 지금 하는 연구는 국가 발전을 위한 정책이니만큼 무사가 명검을 휘둘러 세상을 평정하듯 미래의 대통령께서 나의 정책으로 한국을 선진국으로 발전시켜주기를 바란다"라고요.

그 무사가 휘두를 명검 세 자루 중 하나가 바로 정부 혁신입니다. 크게 어려운 것이 아니에요. 하드웨어가 아니라 소프트웨어의 변경이기 때문에 저한테 기회를 주면 먼저 6개월간 준비를 마친 다음, 1년 이내에 전면 시행하고 늦어도 3년 이내에 확실히 효과를 낼 것입니다. 우리나라 공무원들은 아주 우수하기 때문에 직무군 제도를 만들어서 '너는 평생 어떤 직무의 일을 할 것'이라고 알려 주면 그 순간부터 혼자 공부를 해 전문가가 되어버립니다. 정부 혁신은 적어도 3년 이내에 확실한 효과를 볼 수 있습니다.

두 번째로 대외관계에서 러시아와 좀 특별한 관계를 맺으면 현재 우리나라가 못하고 있는 동북아의 운전자 역할을 할 수 있습니다. 지금은 우리가 일본도 중국도 움직일 수 없고, 그런 사실을 김정은 북한 국무위원장이 잘 알기 때문에 우리

를 상대도 하지 않는 겁니다. 우리에게 운전자 역할을 할 능력이 없다고 본 거예요. 한반도에 붙어 있는 3강強이 미국·일본·중국인데 셋 중에서 한 나라와 아주 가까운 혈맹이 되든지, 두 나라와 느슨한 동맹을 맺든지 우리가 선택 가능한 전략이 6개밖에 안 됩니다. 그런데 러시아가 들어가서 네 나라 중에서 선택해야 한다면 우리의 선택은 24개로 늘어납니다. 그러면 6개 중에 정답이 없어도 24개 중에는 정답이 있을 수 있죠. 우리가 러시아를 끌어들여 북극 항로로 맹렬히 진출하면서 전략적으로 판을 흔들면 동북아시아의 운전자가 될 기회가 온다고 확신합니다.

세 번째로는 저출생·고령화 시대를 맞이해 퇴직 후에도 일할 수 있는 '이모작 사회'를 만들어야 합니다. 젊은 사람들은 4차 산업혁명, 창의적이고 개념·설계적인 분야, 예컨대 패션·디자인·서비스 같은 쪽으로 유도하는 한편, 중장년 인력을 다시 활용하는 체제를 만들어야 합니다. 그러면 적은 인구로도 선진국과 경쟁해 4차 산업혁명을 성공시킬 수 있습니다. 저는 정부 혁신·대외관계 혁신·사회 혁신, 이 세 가지를 강력하게 추진하면 5년 이내에 확실한 성과를 낼 수 있고, 한국이 중진국의 함정을 벗어나 선진국 대열에 진입할 수 있으리라 믿습니다.

이광재 마지막 질문을 하나 하겠습니다. 우리는 오랜 역사에서 주변 국가로부터 어려움을 많이 당했습니다. 그런데 1985년 플라자 합의를 보면 일본 경제가 미국의 3분의 1에 육박했을 때 미국이 일본을 견제했단 말이에요. 2020년에 일본이 한국의 반도체산업을 공격했던 것도 그런 맥락이라고 봅니다. 우리가 과연 국부 총량과 산업 발전 측면에서 일본을 넘어설 수 있을까요?

김태유 제가 평생 연구하면서 가장 좋은 모델로 생각했던 나라는 네덜란드입니다. 한반도의 5분의 1도 안 되는 나라가 패권국이 되었고, 세계 최초로 국민 대중이 모두 잘사는 나라가 됐죠.

일본을 극복하는 건 쉬운 일이 아니지만 결국 우리가 하기 나름이라고 생각합니다. 우리가 장차 북극 항로를 중심으로 미국과 러시아를 연결하는 합종合從을 만들면 지금 무너져가는 한·중·일의 연횡連橫도 되살릴 수 있다고 봅니다.

2000년대 초반까지 일본은 소재·부품·장비를 한국에 대량 공급하고, 한국은 그걸로 반제품을 만들어 중국에 대량 공급하면, 중국은 그걸 제품으로 만들어서 전 세계에 공급했어요.

만약 한·중·일이 협력 체제를 계속 유지했다면 가까운 장래에 동북아가 미국을 앞서는 경제권이 될 수 있었을지도 모릅니다. 지금 우리 힘만으로는 한·중·일의 연횡을 다시 만들 능력이 없습니다. 우리 국력이 일본이나 중국보다 작기 때문입니다. 그런데 우리가 한·미·러의 합종을 만들려고 시도하면 한·중·일의 연횡이 다시 살아날 계기를 만들 수 있습니다.

이광재 교수님의 결론을 정리하면 한반도 전체를 바다와 대륙을 연결하는 네덜란드 같은 개방형 통상국가, 기술 기반 혁신 경제로 발전하는 나라로 만들자는 것으로 압축할 수 있습니다.

혁신성장과 함께 포스트 코로나 시대에는 대한민국의 지속 가능한 경제발전을 위해 '공존'의 가치도 중요합니다. 서로를 돕고 비추어주는 '공동체 자본주의'로 '은하수의 경제'를 열어나가야 하겠습니다. 장시간 감사합니다.

혁신과 공존이 함께하는
은하수경제로 가야 한다

국력은 경제력에서 나오고, 경제력은 기술력에서 나온다. 기술혁
명을 통한 혁신과 성장이 있어야 국민소득도 늘어난다. 디지털 시
대의 기술혁명은 노동생산성의 향상을 가져올 수 있고, 노동자들
의 실질임금도 증가시킬 수 있다. 또한 일자리를 만들어 고용을 늘
린다거나, 소득분배에 긍정적인 영향을 끼친다는 연구도 있다. 기
술 역량을 위해 교육과 금융시스템이 중요하다.

　디지털 전환이 성공하려면 무엇보다 사람중심의 디지털시대를
여는 것이 중요하다. 기술혁명을 통한 혁신성장 속에서 서로 도우
며 함께 발전하는 '공동체 자본주의'로 전환해야 한다.

하나, 국력은 경제력에서 나오고 경제력은 기술에서 나온다.
폴 케네디 예일대 교수는 4차 산업혁명을 위해 경제적으로 우리나
라가 한 단계 더 도약해야 함을 상기시켰다. 그러기 위해서는 기업

들이 자유롭게 4차 산업혁명 관련 기술을 개발하고 발전시켜서 산업의 파이를 더욱 크게 만들고, 세계를 선도하는 기업으로 성장하는 계기를 마련해야 한다.

둘, 계층 상승의 사다리를 튼튼하게 만들고 4차 산업혁명 인재를 육성하자.
부모의 재산이 자녀들의 교육 격차를 만들고, 그 격차가 직업이나 소득 격차로 이어지고 있는 현 세태는 큰 문제다. 계층 변동성이 커져야 사회가 오히려 안정되고 건강해진다. 이를 위해 인적혁신을 이루어야 한다는 김태유 교수의 주장에 동의한다. 우수한 인재들을 4차 산업혁명 분야에 종사할 수 있게 유도해야 한다.

셋, 북극 항로 시대를 열어갈 국가 혁신 전략을 수립하자.
김태유 교수가 주장했던 '은하수의 경제'에 도달하기 위해 우리나라가 혁신성장을 하고 서로 도우며 함께 발전하는 '공동체 자본주의'로 전환해야 한다. 이를 위해 관료들의 전문화와 인구정책의 효

과성 극대화, 그리고 북극 항로 개척에 따른 대외관계 변화의 선도
적 위치 차지 등을 토대로 한 국가 혁신을 이뤄내야 한다.

4장

플랫폼 경제를 넘어
따뜻한 신新자본주의 모델
찾아야

대담자: 이광재 · 김서준 · 신상훈

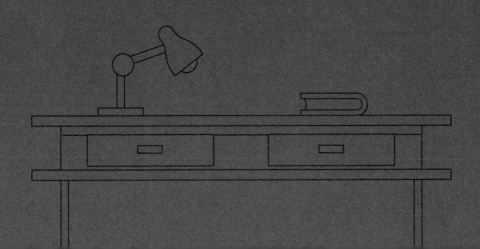

김서준
해시드 대표이사

1984년 서울에서 태어나 포항공과대학교 컴퓨터공학과를 수료하고 IT 스타트업 분야에서 10여 년간 일했다. 노리Knowre라는 온라인 AI 수학 교육 프로그램의 공동 창업자이자 부대표로 일했으며, 소셜 데이트 서비스인 '정오의 데이트'를 만들어 운영한 적도 있다. 블록체인에 기반한 스타트업 투자 전문회사인 해시드Hashed를 창립했으며 소프트뱅크벤처스의 벤처파트너로도 일하고 있다. 2년 전부터 교육부 미래교육위원회 위원을 맡는 등 공공 분야 활동에도 관심이 있다.

신상훈
그린랩스 대표이사

1980년생으로 서울대학교 전기공학부를 졸업했다. 미국 BOA메릴린치에서 트레이딩 프로그램 개발 및 펀드매니저로 사회생활을 시작해 금융공학 관련 분야에서 경력을 쌓다가 한국으로 돌아왔다. 전자책 플랫폼인 '리디북스'의 투자자 겸 경영진으로 일했으며, 온라인 데이트 서비스 '아만다'를 개발·운영하는 스타트업 '넥스트 매치'를 창업했다. 2017년에는 2명의 공동 창업자와 함께 데이터 농업 스타트업 '그린랩스'를 설립해 대표이사를 맡고 있다. 그린랩스는 국내 유일 클라우드 기반 농장환경제어 시스템을 구축하고, 농업 플랫폼 '팜모닝' 앱으로 농작물의 생산부터 유통까지 농업 전 과정에 대한 서비스를 제공하고 있다.

"플랫폼 경제를 넘어서 프로토콜 경제를 준비할 때다."

두 명의 젊은 창업가가 4차 산업혁명의 현실과 대안을 압축한 말이다.

코로나19 위기와 자산 거품 현상 속에서 자본주의 위기를 말하는 사람도

있지만, 디지털 경제가 가속화되고 인류 문명이 새로운 단계로 진화하고

있다고 말하는 사람도 적잖다.

김서준 해시드 대표는 4차 산업혁명과 미래 교육, 블록체인 등을 화두로

삼아 활동하고 있다. 그는 "프로토콜 경제의 원형은 비트코인"이라며

"마치 협동조합 같은 커뮤니티에서 각자 기여한 만큼 (수익이나 가치를)

나눠 가지는 모델"이라고 말했다. 노동자나 소비자, 이해관계자들이 원할

경우 회사 주식을 받아 장기간 수익을 공유할 수 있다는 얘기다.

신상훈 그린랩스 대표는 외국계 금융사의 펀드매니저로 출발해

정보산업IT 업계에서 창업 경력을 쌓았다. 그를 주목하는 이유는 농업에

IT기술을 접목해 스마트폰으로 농장 운영을 돕고 유통 정보까지

제공하기 때문이다. 농업 플랫폼 앱에서는 농사에 필요한 날씨, 농산물

시세 정보, 농사 지식인, 농약 정보 등의 정보형 서비스는 물론 농자재

상점도 운영한다. 장차 농업혁명을 주도해 테슬라 못지않은 '농農슬라'를 만들겠다는 꿈을 펼치고 있다.

더불어민주당 K뉴딜본부장으로서 "미래 문명을 선도하려면 우리 정부가 규제 혁파와 함께 제도 선진화, 인력 양성에 적극 앞장서야 할 것"을 강조하며 대담을 마무리했다.

함께 성장하는 이익 공유제 사회

이광재 의원(이하 이광재)　　요즘 젊은 세대들이 볼 때 지금의 자본주의는 무엇이 문제라고 생각하시나요? 부모 세대에겐 많은 기회가 있었는데 2030세대한테는 기회가 너무 적다, 자본주의가 병이 난 게 아닌가, 새로운 시스템을 찾아야 하는 게 아닌가, 이런 생각을 많이 하는 것 같은데요.

김서준 대표(이하 김서준)　　정말 많이 망가졌다고 생각합니다. 특히 2020년 초부터 코로나19 상황이 악화하면서 돌이키기 어려운 단계를 넘어섰다고 봅니다. 젊은 사람들은 말할 것도 없고요. 상장회사 대표 정도 위치에 있는 사람을 만나도 "현금을 들고 있는 게 불안하다"고 말씀하세요.

　　부동산·주식 시장이 급등하면서 '벼락 거지'라는 자조적인 신조어가 유행하고 있습니다. 부동산·주식 같은 자산 가격이 천정부지로 올라가고, 그중에서도 플랫폼을 잘 운영하는 회사들의 주가가 끝없이 올라가니까요. 젊은 사람 입장에서는 자산 상승 혜택을 받을 기회가 없어져 버린 느낌을 받는 것 같습니다. 20대 초반 대학생들도 모이기만 하면 전부 주식 얘기만 하더군요. 정상적인 사회는 아닌 거 같아요.

이광재 '쿠팡'이 엄청난 적자를 내다가 최근 미국 증시에 상장했는데 기업가치가 60조 원을 넘었다고 합니다. 플랫폼 사업으로 엄청나게 독점적인 이익을 얻었는데 우리 사회는 어떻게 공존의 길을 찾아야 할까요? 새로운 경제 트렌드 속에서 이상적인 모델은 과연 무엇일까요?

김서준 대부분의 플랫폼 기업들은 극도로 중앙집권화되어 있어요. 회사 내부는 폐쇄적으로 운영되고 심지어 커뮤니티가 회사 운영을 도와주는 데도 그들에게는 최소한의 이득만 내주면서 거기서 쌓인 모든 이익을 플랫폼이 가져갑니다. 하지만 요즘 회사를 잘 운영하는 곳을 들여다보면 참여자들에게 스톡옵션을 많이 발행하고 있지 않습니까? **이익 공유 모델을 잘 설계한 회사가 더 빠르게 성장할뿐더러 지속 가능한 성장을 할 수 있습니다.** 비트코인을 포함해 블록체인상에서 만들어진 프로토콜 경제를 추구하는 회사들이 이런 현상을 증명하고 있죠.

저는 프로토콜 경제의 원형이 비트코인이라고 보는데요. 여기에는 중앙집권화된 조직이 아예 없고, 창업자가 누군지도 모르고, 회사의 대표나 CEO^{최고경영자}도 없습니다. 프로토콜(Protocol·서로 연결된 컴퓨터가 커뮤니케이션 할 수 있게 만드는 언어)만 잘 만들어져 있기 때문에 모든 참여자가 비트코인을 위해서 협업하고, 네트워크 채굴 활동이라는 이름으로 데이터를 교환하고 보안성을 높이는 활동을 하죠. 거기서 만들어지는 새로운 채굴 물량을 공정하게 나눠 가져요. 마치 협동조합처럼 비트코인을 함께 만들고 나눠 가지는 커뮤니티 모델이 프로토콜 경제이고, 앞으로 우리 사회가 나아가야 할 방향이라고 봅니다.

신상훈 대표(이하 신상훈)　배달의민족이 최근 중소벤처기업부로부터 2021년 첫 번째 '자상한 기업'으로 선정됐어요. 소상공인들의 매출, 비용, 각종 판매 데이터 등의 정보를 모아서 특정 기관에 전달하고, 소상공인들이 그 정보를 이용해서 본인 사업에 활용하는 제도라고 하더군요. 소상공인들의 데이터를 축적해 그들이 신용평가를 다시 받게 해준다든지 금융 지원을 해주면서 플랫폼 경제에서 프로토콜 경제로 조금씩 진화하는 시도를 처음으로 시행하고 있더라고요.

그걸 보고 깜짝 놀랐습니다. 저희 회사가 현재 하고 있는 비즈니스 모델과 굉장히 유사하기 때문입니다. 저희 회사는 각 농장에서 경영 상태, 농장 운영 상태에 관한 데이터를 모으고 이를 기반으로 참여자들에게 여러 서비스를 제공합니다. 필요한 경우 코칭도 해드리고요.

딸기 종자 가운데 '설향'을 예로 들면 종자 1,000개를 경상북도 상주에서는 개당 1만 원에 샀는데, 충청북도 음성에서는 개당 7,000원에 팔린다는 정보를 저희 회사 플랫폼 참여자들한테 제공할 수 있습니다. 그리고 현재 2,000평의 딸기 농장을 하는 사람에게 "당신의 예상수익은 평당 얼마로 추정되는데 당신과 10km 떨어진 지역에서 똑같은 모종을 키우는 사람들은 그보다 더 많은 수익을 거둘 것으로 예상된다. 당신의 농장은 지금 평균치보다 떨어지는 상황이다. 뭐가 문제인지 점검해보라"는 식으로 조언할 수도 있고요.

참가자들이 플랫폼에 각자 정보를 올림으로써 그 데이터들이 쌓이고 그걸 잘 활용해 본인의 수익을 더 올리는 데 도움이 될 정보를 제공 받게 됩니다. 내가 더 잘하기 위해 자기 정보를 내놓았는데 결과적으로 남들의 정보도 보면서 스스로 발전시킬 방법을 계속 제공 받게 되는 셈이죠.

이러다 보면 자연스럽게 전통 금융권에서도 좋게 평가 받을 수 있습니다. 농민들은 금융권에 가면 홀대받아요. 담보도 없고 사업자등록도 되어 있지 않기 때문에 매출 기록이 명확하지 않거든요. 신용대출도 어렵습니다. 그런데 자신의 경영 상태·매출 상태·비용 상태 등을 계속 기록하면 이 농부는 딸기 농사의 전문가고, 지난 몇 년간 이렇게 비용을 썼고, 이만큼 매출을 냈고, 어려운 시장 환경 속에서도 이 사람은 결코 사고를 내지 않는 안정적인 농부라는 자료가 증거로 남거든요. 이 사람에게는 신용을 얼마만큼 줘도 된다는 새로운 평가 모델이 생길 수 있고, 예전에는 받을 수 없었던 보험이나 대출, 각종 금융 혜택을 받을 수 있는 거죠.

이광재 생산·경영·매출 등의 데이터를 공유해 결국 맞춤형 학습도 하고 사업모델을 진화시키는 거네요. 제가 네덜란드에 갔을 때 보니까 6만 5,000여 농가가 1년에 130조 원어치를 수출하고 있더군요. 우리나라는 110만 농가인데 겨우 10조 원만 수출합니다. 농업 혁신이 필요합니다. 플랫폼 독점을 넘어 공유경제를 가장 잘 실천하고 있는 기업을 소개해줄 수 있나요?

김서준 가장 유명한 공유경제 회사의 원형 두 군데를 꼽자면 '우버'와 '에어비앤비'입니다. 두 회사는 2018년 9월부터 미국 증권거래위원회SEC에 플랫폼 노동자에게도 주식을 나눠줄 수 있도록 법률을 바꿔달라는 요구를 했습니다. 그 회사에서 새로 일하고 싶은 사람도 있지만, 플랫폼 노동자들이 일하다가 불만이 커져 회사 욕을 하면서 떠날 경우 스스로 성장의 한계에 부딪힌다고 생각했기 때문이죠.

2020년 11월에 플랫폼 노동자에게 연봉의 15%까지 주식을 줄 수 있는 법안이 만들어졌습니다. 플랫폼 기업도 회사 경영에 참여한 사람들에게 각자의 기여분 중 일부를 주식으로 줄 수 있게 된 거죠. 이러면 참여자도 선택할 수 있습니다. 내가 일하는 플랫폼이 잘될 것 같다는 확신이 들고 회사에 대한 충성도가 있으면 주식을 최대한 많이 받으면 되고요. 훗날 그 회사 주식이 10배, 100배가 됐을 때 노동자도 부자가 될 수 있는 환경을 조성한 겁니다.

이광재 일종의 신新자본주의라고 볼 수 있겠네요. 과거에는 자본가-노동자가 대립하는 형태였지만 이제는 플랫폼 경제를 넘어 서로 공존할 수 있게 된 거죠. 택배 노동자들이 과로사로 쓰러지는 부분도 해결해나갈 수 있고요. 그렇게 하려면 주식 공

일종의 신新자본주의라고 볼 수 있겠네요.
과거에는 자본가-노동자가 대립하는
형태였지만 이제는 플랫폼 경제를 넘어 서로
공존할 수 있게 된 거죠. 과거에는 주주가
소수였지만 앞으로는 참여자 모두가 주주가
되고 이익 공유제 사회를 지향하게 되는 거네요.

유 형태라는 새로운 경제 모델이 필요하겠네요.

신상훈 쿠팡이 기업가치 60조 원짜리 회사가 됐습니다. 불과 몇 년
전만 해도 6,000억 원도 안 되는 회사였지 않습니까? 회사가
더 많은 주식을 주라는 의미가 아닙니다. 어차피 쿠팡 노동자
들에게 계속 비용을 써야 하는데, 그들이 원할 경우 나가야 할
돈의 일부를 회사 주식으로 주는 거죠. 회사 입장에서는 전혀
손해가 아닙니다. 하지만 그걸 선택적으로 받고 더 열정적으
로 일한 사람들은 이 주식가치가 10배, 100배 오르게 되면 그
만큼 더 큰 혜택을 받을 수 있죠. 돈을 많이 벌어 조기 퇴직을
원하는 사례도 나올 겁니다.

이광재 그러면 우리나라도 미국처럼 관련 법률을 개정해야겠네요. 잘
나가는 플랫폼 기업들의 1주 가격이 비싸서 실제로 직원들에
게 주식을 분배할 때 0.1주, 0.5주로 줄 수도 있는데 현재는 1

주가 최소 단위입니다. 그런 사소한 부분까지 개선하면 0.1주, 0.5주, 이렇게 주식을 공유할 수 있는 거죠. 과거에는 주주가 소수였지만 앞으로는 참여자 모두가 주주가 되고 이익 공유제 사회를 지향하게 되는 거네요.

김서준 플랫폼 노동자의 개념을 조금 더 넓게 잡을 수도 있습니다. 가령 쿠팡에서 물건을 사는 사람도 플랫폼 참여자의 일부라고 생각할 수 있죠. 왜냐하면 그들이 사 줬기 때문에 회사가 성장했거든요. 요즘 쇼핑몰 마케팅을 보면 물건을 살 때 적립금을 주지 않습니까? 적립금이 원화 화폐 기반이어서 가치가 더 증가하지 않는데요. 거기서도 선택적으로 쿠팡 주식의 가치와 연동된 토큰을 주는 옵션을 제공한다면 참여자들의 충성도는 더 높아질 겁니다.

이광재 현재는 기업이 우리와 함께하는 충성스러운 고객이 되기를 원해서 적립금을 주잖아요. 그런데 물건이나 서비스를 산 고

객의 입장에서는 내가 샀기 때문에 받은 것이고요. 그렇다면 고객이 적립금 대신 주식으로 받을 수도 있고, 현금으로 받을 수 있도록 전자화폐를 도입할 필요도 있죠. 이렇게 하면 훨씬 더 유동화 규모가 커지고 참여한 모든 사람에게 좀 더 다양한 혜택이 돌아갈 수 있지 않을까요?

신상훈 맞습니다. 저희도 같은 고민을 많이 하고 있습니다. 전국에 흩어져 있는 농약방들이 있어요. 오프라인으로 2,000여 개 이상 운영되고 있는데요. 지금 이대로 가면 농약방은 도태할 수밖에 없습니다. 현재는 농자재를 오프라인에서 유통합니다. 농촌사회에서 없어서는 안 될 존재예요. 하지만 지금 저희가 아니라도 누군가 온라인화할 가능성이 큽니다. 이렇게 되면 농약방의 존재 이유가 점점 사라질 테고요.

그래서 저희는 농약방 관계자들이 플랫폼 성장을 위해 적극 참여해주기를 바랍니다. 하지만 지금 제도하에서는 단순하게 그분들이 기여하는 만큼 현금을 드리거나 약간의 혜택을 드리는 게 전부입니다. 저희 회사는 규모가 커질 테지만 농약방들은 성장하지 못하고 약간의 혜택만 받고 끝나잖아요. 이 부분이 머리가 아프더라고요. 같이 성장했으면 하는 바람이 있거든요.

문제를 해소할 방법으로 증권형 토큰이 대안이 될 수 있습니다. 아니면 김서준 대표가 말씀하신 것처럼 저희들을 통해 농산물을 유통할 때 저희가 그에 대한 신용을 좀 더 드리는 방법도 있습니다. 어차피 100만 원을 현금으로 주나 토큰으로 주나 저희 입장에서는 똑같은 제도가 만들어진다면 선택지를 제공할 수 있고, 그분들도 더 열정적으로 저희 플랫폼에 기여할 수 있겠죠. 그러면 플랫폼이 진정으로 꿈꾸는 농업 혁신을 이루면서 사회적인 성과도 달성할 수 있습니다.

이광재 참 중요한 부분입니다. 과거에 대형마트 하나가 들어서면 그 주변의 1,000여 개 정도 되는 조그만 우리 삶의 터전들이 사라져버렸습니다. 이러한 추세가 점점 온라인에서 가속화되고 있습니다. 몇몇 플랫폼 독점기업이 모든 이익을 가져가는 게 아니라 생산하는 사람부터 소비자까지 전 과정이 골고루 함께 진화할 수 있어야 가장 이상적인 모델입니다. 이를 추구하지 않으면 엄청난 빈부격차가 날 것입니다. 이 문제를 극복하는 것이야말로 양극화 수준을 넘어서 공동체를 유지하는 핵심 사항입니다. 그렇다고 기업인들에게만 착하게 사세요, 이렇게 할 수는 없지 않습니까? 이익이 워낙 막대하니까요. 구조를 어떻게 만들어야 할까요?

김서준 프로토콜 경제에서 참여자들에게 주식을 나눠주는 것이 기업한테 절대로 선심을 쓰거나 손해를 보라는 개념이 절대 아닙니다. 스톡옵션 제도가 처음 발명된 이래로 지금까지 한국의 오래된 중소기업들은 대표가 주식을 100% 들고 있는 회사가 많았습니다. 그런데 지금 세계에서 제일 잘하고 있는 회사를 살펴보면 스톡옵션을 잘 발행해서 기업의 성장을 도와주는 투자자들이나 참여자들에게 주식을 나누어 줬습니다. 그런 회사들은 훨씬 더 성장을 많이 했어요. 회사가 100% 모든 걸 가지고 악착같이 운영하는 것보다 도움이 되는 사람들에게 잘 나누어 주는 게 훨씬 더 회사의 성장에 도움이 된다는 주장은 이미 증명되었다고 생각합니다.

물론 참여자들에게 전부 주식을 나누어 주는 제도가 생겨도 어떤 회사는 안 할 겁니다. 커뮤니티한테 주면 손해를 본다고 생각할 수도 있고요. 어떤 회사는 정말 고민을 많이 해서 어차피 비용으로 쓸 건데 이왕이면 자사주를 매입해서 주자고 결정하는 회사들도 있을 겁니다. 우버나 에어비앤비 같은 선도적인 공유경제 회사들은 주고 싶어도 법이 없어서 못 주고 있는 상황이었으니까요. 후자 중에서도 모델을 잘 만들어서 운영하는 회사들이 현재 중앙화된 플랫폼 회사들과 비교했을 때 훨씬 더 빠르게 성장하면서 그 과실을 누릴 거라고 봅니다.

'디지털 영토'에서 새로운 일자리, 소득 생겨

이광재 현실적인 질문을 하나 하죠. 미국 의회에서 페이스북 창업자를 불러 치열하게 토론하는 자리에서 어느 민주당 의원이 "나는 매일 페이스북에 글을 쓰고, 나 같은 사람이 모여서 지금 같은 페이스북이 됐다. 그런데 페이스북 창업자는 1년에 어마어마한 돈을 벌고 나는 왜 돈을 못 버는가?"라고 물었습니다.

마찬가지로 구글, 네이버, 다음도 수없이 많은 블로거나 이용자가 활동한 덕에 성장했습니다. 요즘 네이버에 광고하려면 시골에 사는 펜션 주인도 1년에 2,000만 원씩 광고료를 내야 합니다. 이런 모순적인 상황에 대해서도 해법을 찾아야 플랫폼 기업과 참여자들이 공존하는 새로운 길이 열릴 것입니다. 기업 쪽에서 어떻게 변화하고 혁신해야 할까요?

김서준 조지 길더가 쓴 《조지 길더 구글의 종말》이라는 책을 읽어보면, 작가는 플랫폼 회사 다수가 자기들이 만든 비즈니스 모델을 스스로 부정하지 못해 망하는 회사들이 많을 거라고 주장합니다.

프로토콜 모델은 아니지만, 2011년부터 카카오톡이 등장한 과정을 보면서 이동통신사들이 취했던 전략을 반면교사로 설명할 수 있습니다. 그전까지 문자메시지를 보낼 때 이동통신 3사에 가입자들이 건당 몇십 원씩 냈습니다. 국제전화를 쓰려면 1분당 500원, 1,000원씩 내야 했습니다. 통신사들이 네트워크를 독점했으니까요. 그러다 카카오톡이나 다른 스타트업에서 애플리케이션을 만들면서 문자메시지와 국제전화 통화 비용을 모두 없애 버렸죠.

그 무렵 통신사들이 집중한 가장 중요한 전략은 자기들의 비즈니스 모델을 해체할지언정 카카오톡과 비슷한 서비스를 더 빠르게 만드는 것이었습니다. 자기 사업을 포기하는 과감한 혁신을 단행했다면 더 큰 사업의 기회를 잡을 수 있었을 거예요. 하지만 그러지 못했고 지금은 카카오톡이 이동통신사들보다 훨씬 더 큰 기업이 됐습니다.

같은 맥락에서 '페이팔' 같은 회사는 현재 처절한 자기 해체를 하고 있습니다. 페이팔은 원래 결제 수수료로 먹고사는 회사예요. 지금 우리가 해외에서 페이팔로 물건을 사면 4% 이상의 수수료를 냅니다. 그런 회사가 현재 비트코인을 유통하는 지갑을 오히려 가장 공격적으로 도입하고 있어요. 비트코인을 도입하면 결제 시 비트코인 지갑을 가진 거래 당사자들은 어떤 금융기관에도 수수료를 내지 않고 돈을 보낼 수 있습니다. 모순적이게도 페이팔이 앞장서서 고객들에게 이 경험을 제공하고 있어요.

어차피 나중에 사람들은 블록체인 위에서 은행 같은 금융회사들을 끼지 않고 디지털화폐를 주고받는 환경으로 갈 텐데, 그때까지 아무것도 안 하면 페이팔도 이동통신사 문자메시지 사업부처럼 된다는 위기 의식이 반영된 거죠. 페이팔은 아직 디지털화폐와 가상화폐 지갑을 가진 사람이 많지 않을

때 자기 고객 3억 명에게 차라리 더 빠르게 가상자산과 디지털자산을 운영하는 경험을 쌓게 해주고 시장을 선점하려는 겁니다.

신상훈   제가 모 방송국 프로그램에 출연할 기회가 있었습니다. 거기서 처음으로 "저희 회사는 '농업의 테슬라'가 되고 싶다"고 말했더니 주변에서 '농農슬라'라는 별명을 붙여줬습니다.

저는 우리 직원들을 상대로 항상 이렇게 얘기해요. "왜 우리가 농업의 테슬라인가. 그 이유는 농업 생산성에 혁신을 불러일으켜 식량 혁명과 환경문제를 해결하려 하기 때문이다. 이 과정에서 농업 종사자들도 이익을 얻고 우리도 경제적 이익을 얻으면 된다."

그린랩스는 플랫폼을 활성화시켜 농업 종사자들과 관계자들이 많이 모이도록 하되, 이 분들이 최대한 많은 수익을 거둘 수 있도록 돕고 있습니다. 테슬라가 성장하는 방식과 비슷합니다. 테슬라는 전기자동차 회사로 출발했는데 지금은 모빌리티 혁신의 중심에 서 있고, 자율주행이 주요한 키워드가 됐습니다.

처음에 테슬라는 전기차를 많이 생산해 보급하기만 했습니다. 결국 수백만 대의 전기차에서 주행 데이터가 축적되고, 그 덕에 AI 운영체계가 지속해서 강화 학습을 했습니다. 이로써 자율주행을 할 수 있는 AI가 탄생할 수 있었습니다. 이젠 더 이상 테슬라를 하드웨어 회사라고 보는 사람은 없을 겁니다. 핵심은 아이오에스^{iOS}나 윈도우, 안드로이드 같은 운영체제이고, 하드웨어를 돌리는 소프트웨어예요.

이광재   데이터 활용 문제와 관련해 생각해볼 점이 많습니다. 전 세계에서 페이스북 월간사용자^{MAU}가 27억 명입니다. 몇십 억 명이 직간접적으로 제공하는 수많은 데이터가 페이스북 내부에 쌓이는 거죠. 마찬가지로 우리 플랫폼이 전 세계 농업인을 위한 농업 오에스(OS·컴퓨터의 하드웨어 시스템을 효율적으로 운영하기 위한 소프트웨어)를 운영하면 어마어마한 데이터가 쌓일 겁니다. 플랫폼 경제에선 데이터를 많이 확보하는 나라나 기업이 성장할 수밖에 없어요. 눈덩이가 불어나는 것처럼 전 세계에서 더 많은 참여자를 모을 수 있죠. 그런 점에서 우리나라는 인구 규모로 봐도 데이터 확보 측면에서 불리합니다. 우리가 2030세대한테 지금보다 더 확장된 미래의 기회를 주려면 기성세대는 무엇을 어떻게 해야 할까요?

신상훈   저는 농업 관련 앱을 개발하고 있으니까 그에 국한해보겠습니다. 저희가 초기에 성장한 방식은 농민들에게서 데이터를 모으고, 저희가 그것으로 농민들한테 더 나은 서비스를 드리는 것입니다. 농민들이 더 많이 모일수록 저희 회사는 더욱 발전하는 식으로 선순환 구조를 만드는 것이었습니다.

처음에 이렇게 할 수 있었던 이유는 정부의 공공데이터 개방사업 덕분이었죠. 뭔가를 일단 시작할 수 있었어요. 지금도 날씨 관련 정보는 기상청에서 에이피아이(API·공공 기관이 이용자에게 정보를 재활용하거나 상업적, 비영리적으로 이용할 권리를 부여함으로써 공개한 표준화된 인터페이스)를 제공 받고 있죠. 전국의 유통 시세 정보도 받아서 쓰고 있습니다. 우리 정부에서 모으는 데이터 양도 엄청나게 많을 겁니다. 각종 정보를 민간에서 잘 쓸 수 있도록 최대한 많이 풀어주고 그 위에서 뛰놀게 한다면 큰 문제는 되지 않을 것입니다.

우리나라 인구수가 적지만, 데이터를 잘 활용해 AI 엔진을 반 발짝만 더 빠르게 만들어내 다른 나라 데이터들을 흡수할 수 있다면 상대적으로 경쟁력을 얻게 될 것입니다. 핵심은 프로토콜 형태를 빨리 만들어서 세계시장으로 나가고 전세계를 대상으로 데이터를 블랙홀처럼 모을 수 있는 중심을 만드는 것입니다. 중심을 만들기에 충분한 데이터가 한국 내부에 있다고 봅니다. 정부가 가진 데이터를 더 개방적이고 적극적으로 풀어서 민간 사업자들이 효율적으로 활용할 방법을 제공해야 한다고 생각합니다.

소프트웨어 인재를 키워야 한다

이광재   현재 제가 추진 중인 K-뉴딜의 핵심 사업은 정부가 데이터
댐을 만들어 양질의 데이터를 대량으로 채운 뒤 민간 부문에
서 좀 더 빨리 쓸 수 있도록 가공하는 것입니다. 그렇게 하기
위해서는 AI 기반의 엔진을 만드는 인재 양성에 박차를 가해
야 합니다.

　　그런데 대한민국 중·고등학교 교육 현실을 보면 답답합니
다. 전국에 6,000여 개 학교가 있습니다. 중·고교 교사 중에 컴
퓨터사이언스를 가르칠 수 있는 사람은 1년에 181명밖에 배
출되지 않아요(컴퓨터교육과-중등자연과학교과 주간 과정 분류: 8개
대학(가톨릭관동대, 공주대, 성균관대, 순천대, 신라대, 안동대, 제주대,
한국교원대). 2020년 기준 입학 정원 수 181명. 미래 인재 양성
을 제대로 해야 양질의 데이터를 만들어내고, 양질의 AI 프로
그램과 알고리즘을 짤 수 있는 프로그래머를 많이 양성할 수
있습니다. 현실은 전담교사 인력조차 없어서 민간 기업들은
원하는 인재들을 구하는 게 너무 어렵습니다. 최근 게임 업체
의 개발자 연봉 경쟁도 이와 무관치 않을 것 같습니다.

신상훈   얼마 전에 모교의 컴퓨터공학부 교수님을 뵈러 갔습니다. 그
분은 AI 학장님이자 AI 연구소 소장님인데 제가 이런 질문을
드렸어요. "우리 학교는 대한민국 교육을 주도한다고 하면서
왜 컴퓨터공학부 학생을 연간 100명도 배출하지 못합니까?
1,000명, 1만 명씩 키워야 하는데 왜 지금은 이것밖에 못할까

요?"라고요.

　　답변을 들어보니 각 대학교에서 학과 정원을 늘리는 게 만만치 않더라고요. 교육부 허가도 필요하고, 교내에서도 정치 이슈와 맞물려 있는 듯했습니다. 민간에서 원하고 각 학과에서 추진한다 해도 빨리 반영하지 못하는 이유가 너무 많아요.

이광재　그 점이 교육개혁의 큰 과제입니다. 미국 대학에는 특정 학과의 정원을 제한하는 제도가 없다고 합니다. 스탠퍼드 대학교 같은 곳을 보면 컴퓨터공학 전공자를 대대적으로 늘릴 수 있어서 한 해에 1,000명씩 늘리고 있거든요. 이런 문제를 빨리 해결해야만 젊은이들에게 제대로 된 일자리를 많이 만들어줄 수 있을 것 같습니다.

김서준　옛날에는 스탠퍼드 대학교의 컴퓨터공학 전공자가 워낙 적어서 IT 붐이 한창일 때 스타트업 경영진 사이에서 이런 농담도 있었습니다. 스탠퍼드 대학교 컴퓨터공학 박사 한 명당 몸값이 10억 원, 다섯 명 모이면 50억 원이라고요. 이런 말이 벤처 투자자 사이에서 돌 만큼 고급 인력이 부족했지만, 지금은 샌프란시스코에 가서 스탠퍼드 대학교 출신들을 만나면 둘 중 한 명은 컴퓨터공학 전공자입니다. 복수전공을 해서라도 학위를 가지고 있어요.

　　사회에서 원하는 속도에 맞춰 대학에서 얼마든지 자유롭게 공부하고 전공을 바꿀 수 있어야 하는데, 한국에서는 쉽지 않습니다. 전체 대학 정원 중에 컴퓨터공학을 전공한 졸업생은 3% 정도밖에 안 될 겁니다. 수강생 숫자 제한이 있어 복수 전공을 하는 것조차 어렵습니다.

이광재 그래서 인재 양성도 안 되고 일자리도 안 생기는 것 같습니다. 젊은이들이 미래를 추구하고 새로운 비즈니스를 하려면 결국 기술의 진화를 일으킬 역량을 갖춰야 합니다. 우리 사회에서 일자리가 없다고만 주장할 게 아니라 새로운 일자리를 만드는 엔지니어를 어떻게 배출하느냐가 가장 시급한 문제 아닐까요?

신상훈 맞습니다. 저희 회사가 요즘 어려움을 겪는 게 결국 소프트웨어 전공자를 늘리는 부분이거든요. 예전으로 치면 삼성전자의 반도체 생산라인과 똑같습니다. 먼저 돈을 들여 설비투자를 하면 되지만, 스타트업은 설비투자(CAPEX·미래 이윤을 창출하기 위해 지출하는 투자비용)를 인력에 투자하고 싶어도 할 수가 없습니다. 쿠팡도 그게 안 되니까 중국 상하이에 개발센터를 만들고 미국 샌프란시스코에 센터를 세웠고요. 연구·개발R&D 센터 탈출 현상은 점점 더 많이 늘어날 겁니다.

달라지는 세상, 네트워킹에 익숙해져라

이광재 앞서 프로토콜 경제가 플랫폼 경제를 대체할 수 있다고 하셨습니다. 그럴 경우 한국이나 전 세계가 어떤 모습으로 변화할까요? 우리는 어떤 준비를 해야 할까요?

김서준 프로토콜 경제를 기업들의 선한 의지로 시작하자고 하는 것은 절대 아닙니다. 프로토콜 경제 개념을 정착하려면 각종 제도와 기술 기반을 만들어야 하고, 국가가 앞장서야 시작이라도 할 수 있습니다. 디지털자산, 가상자산, 블록체인 기술이 중요한 이유가 뭐냐면 미국 증권거래위원장이 2020년에 "모든 주식은 토큰화化 될 것이다"라고 발언한 내용에서 찾아볼 수 있습니다. 전통 자산들이 '토큰'이란 디지털자산 형태로 바뀔 때 다양한 이해관계자들에게 효율적으로 자산을 배분하거나 보상할 수 있는 환경 기반이 만들어집니다. 이와 관련한 제도 정비가 시급한 이유입니다.

결국 미래 사회의 모습은 한 명이 어떤 회사에서 10~20년 일하는 게 아니라 자기의 적성과 역량에 맞춰 개방화된 네트워크를 돌아다니면서 기여하는 세상일 것입니다. 개인의 비전과 일치하는 조직에서 장차 가치가 증가할 만한 자산을 획득하면서 함께 성장해나가는 기업이나 네트워크들이 많아질 겁니다. 전 세계를 아우르는 네트워크도 굉장히 많아질 거고요.

사람들은 일한 만큼 보상을 받는 환경이 주어지면 더 좋은 콘텐츠를 만들어냅니다. 가령 유튜브나 인스타그램 같은 뉴미디어들은 지금도 그런 모델을 일부 취하고 있고요. 유튜브에서 토큰을 주진 않지만, 일한 만큼 광고 수익으로 보상을 주지 않습니까. 플랫폼 성장에 따른 자산을 준다고 할 때 최고의 인재들은 그 플랫폼으로 옮겨갈 겁니다. 스톡옵션을 주지 않으면 좋은 인재를 회사가 절대로 얻지 못하는 것과 같은 원리입니다. 이런 환경을 갖춰 글로벌 경쟁을 잘하는 회사가 한국에 많이 등장했으면 좋겠고, 실행할 수 있도록 규제와 관련한 문제들이 개선되길 바랍니다.

신상훈 저도 비슷하게 생각합니다. 어떤 플랫폼이나 기업이 성장하는 과정에서 참여자나 데이터 제공자로서 기여한 사람들에게 보상하는 방안을 마련할 필요가 있습니다.

정부에서는 여기에 대응할 수 있는 제도적 장치들을 만들어야 하고요. 토큰형 화폐든 다른 것이든 데이터를 내놓은 만큼 가치 있는 자산을 주는 방안을 마련한다면 프로토콜 경제 모델이 빠르게 성장할 것입니다.

그렇게 되면 일자리 문제도 걱정할 필요가 없어요. 언제부턴가 'N잡 세대'라는 말이 유행하는 것처럼 한 회사에서 한 가지 일만 하는 세상이 아니거든요. 오늘 일하면 그만큼만 받고 끝나는 게 아니라 쭉 어떤 가치를 공유하는 세상이 와야 합니다. 노동을 하지 않고도 자신의 재능과 데이터를 기부하면서 삶의 부가 축적될 수 있습니다. 직업과 노동의 개념이 바뀌게 될 테고요. 모든 것을 정부가 예상하고 규정하기에는 이미 세상이 너무 빠르게 변하고 있어요. 오히려 정부는 터전을 깔아주는 데 집중하면 좋을 것 같습니다.

이광재 자, 이제 마지막 질문을 던져보겠습니다. 삼성전자가 애플처럼 되려면 소프트웨어 인력이 약 5만 명쯤 더 있어야 한다고 말합니다. 만약에 농업 OS 참여자가 100만 농가로 늘어나고 신상훈 대표가 꿈꾸는 농업혁명을 이루거나, 김서준 대표가 꿈꾸는 프로토콜 경제가 본격화될 경우 우리 젊은이들에게 어떤 기회가 생길까요?

김서준   저는 10~20년 뒤에 현실 세계의 전통 일자리가 없어질 거라고 확신하는 사람입니다. 그러면 사람들은 뭘 하고 살아야 되냐? 가상세계 일자리가 훨씬 많아질 거라고 봅니다. 수많은 플랫폼에서 가상의 우주, 메타버스Metaverse가 무한히 만들어질 거고, 그 안에서 가상의 우주와 관련된 일을 많은 사람이 하게 될 것입니다. 메타버스의 원형을 가장 잘 구현한 회사가 로블록스ROBLOX인데요. 미국에서 16세 이하의 60% 정도가 로블록스 게임을 하고 있습니다.

과거에는 부모가 자녀에게 레고를 사 주면 방구석에서 혼자 만들어 놓고 그렇게 끝났잖아요. 이제는 레고를 가상세계에서 만들고, 또 그걸 잘 만들어놓으면 다른 아이들이 부모의 신용카드로 결제해 사 갑니다. 아이들도 돈을 벌 수 있어요. 이미 그 플랫폼에서 월 1억 원 넘게 버는 사람이 나왔습니다.

이런 방식으로 사람들이 부가적인 가치 창출, 창작 활동, 예술 활동 등을 하면서 남들과 더 재밌게 교감하고 새로운 가치를 만들 수 있습니다.

저는 가상세계가 가장 많이 일자리를 제공할 공간이라고 생각합니다. 우리나라도 좀 더 빠른 인식의 변화와 규제 개선이 필요합니다. 그게 아니라면 생산 도구로서 인간이 할 일은 기계가 다 하게 될 것입니다. 운전이라든지 청소라든지 요리

를 하는 등 단순한 서비스들도 기계로 많이 대체될 것입니다. 사람에게는 기계가 하는 일보다 못한 일자리밖에 안 남을 겁니다.

신상훈   스티븐 스필버그의 영화 〈레디 플레이어 원〉에서 나왔듯이 결국 증강현실^AR 기기를 통해서 메타버스 안으로 들어가게 될 것 같습니다. 저도 농업의 미래가 어떻게 될지 많이 생각해 봤습니다.

상상해보자면, 농장에 모든 센서가 설치되어 있고 실제로 작업은 로봇이 해요. 그 로봇은 우리의 지시를 받지 않고도 움직이지만 지시가 들어갈 때도 있고요. '나'라는 사람은 농업 전문가이고 아침에 출근해서 AR 기기를 끼고 충청북도 음성으로 갑니다. 메타버스에 있는 농장에 들어가는 거죠. 온도계, 습도계를 본 다음에 딸기의 화방들을 체크하고 별 문제가 없으면 다음엔 경상북도 상주의 메타버스 딸기 농가로 가서 작업을 또 해요. 고개만 옆으로 돌려서요. 실제 작업은 그곳에 있는 인부나 로봇이 하겠죠.

　일부 비슷한 버전을 저희 회사에서 이미 시작했습니다. 저희가 충청북도 홍성에 관제센터를 운영하고 있습니다. 50개 농가의 데이터와 화면들을 중앙119구조본부 종합상황실처럼 모두 띄워놓고 관찰합니다. 가령 '3번 농가에 문제가 있다'고 화면에 뜨면 바로 전화해서 그쪽에 코칭하는 식이죠. 이런 방식으로 새로운 형태의 일자리가 많이 생기고, 어떤 특정 영역의 전문가로서 지역 한계와 언어·인종에 상관없이 활약하는 직업이 훨씬 많이 생기리라 예측합니다.

이광재　확실히 새로운 세상이 오고 있습니다. 우리나라가 그 세상에서 선두주자가 되면 좋은 일자리는 많이 늘어날 겁니다. 거꾸로 그 반대일 때는 굉장히 힘든 상황을 맞이하겠죠. Z세대(1990년대 중반에서 2000년대 초반에 걸쳐 태어난 젊은 세대)와 전통 산업에 종사하는 기성세대가 어떻게든 서로 손잡고 산업과 기술, 사회의 진화를 효율적으로 추진해나가야 합니다.

　또한 우리나라가 미래 문명을 선도하려면 정부가 규제를 혁파하고 이와 함께 각종 제도의 선진화, 고급 인력 양성 등에 적극 앞장서야 합니다. 정치권이나 정부, 교육기관의 분발이 필요한 대목입니다.

　오늘 두 분 말씀 들으면서 좋았던 점을 한 가지 말씀드리자면, 두 분 모두 그냥 돈을 버는 것이 아니라 세상을 바꾸면서 돈을 버는 기업가란 생각이 들었습니다. 여태까지 세상을 바꾸자고 주장하는 사람들은 많았는데, 해결 방법을 생각해 세상을 바꾼다는 의지가 마음에 드네요. 앞으로도 두 분처럼 돈을 벌면서 세상을 바꾸고, 가치를 실현하면서 돈을 버는, 과거 기업의 형태와 많이 다른 기업이 계속 나왔으면 좋겠습니다.

디지털 경제·문화 영토
10억, 20억 명을 향해 도전하자

플랫폼 경제 시대다. 세계가 온라인으로 연결돼 있다. 카카오와 네이버 라인이 1억 명, 가상세계인 네이버 제페토 이용자가 2억 명에 이른다. 디지털 영토가 10억 명 규모가 되면, 우리나라 시장은 20배나 커지고 소득과 분배의 혁명을 이룰 수 있다. 또한 파워블로거, 웹소설가, 웹툰작가 등 플랫폼 참여자들이 주식을 소유하거나 플랫폼이 내는 수익을 획기적으로 공유해서 더 높은 소득을 올릴 수 있는 신자본주의 시스템을 만들어야 한다.

하나, 플랫폼 기업과 참여자들이 공존할 길을 찾아야 한다.
점점 더 양극화되고 있는 우리 사회의 문제점을 개선하고 젊은이들의 사회 참여를 적극적으로 유도하기 위해 플랫폼 기업을 포함한 기존 기업들의 변화가 필요하다. 특히 참여자들에게 주식이나 현금, 포인트와 같은 인센티브를 제공해서 함께 성장할 수 있는 기반을 마련해야 한다.

둘, 컴퓨터공학 전공자들을 대대적으로 늘리자.

미국 대학에는 특정 학과의 정원을 제한하는 제도가 없다. 4차 산업혁명에 적응하고 IT 산업을 발전시키려면 대학의 컴퓨터공학 전공자를 대대적으로 늘릴 수 있는 방안을 마련해야 한다. 그렇게 해야 젊은이들에게 제대로 된 엔지니어 일자리를 많이 만들어줄 수 있고, 더 나아가 미래 산업 관련 기술 역량을 높일 수 있다.

셋, 자신의 가치를 실현하고 세상을 바꾸려는 혁신 기업가가 미래의 답이다.

지금의 2030세대는 '신인류'이다. 새로운 세대의 특징은 자신의 가치를 실현하고 세상을 바꾸려 하는 젊음이다. 이들이 마음껏 뛰어놀면서 비즈니스를 할 수 있도록 기반과 운동장을 마련해줄 필요가 있다. 그러기 위해 정부는 규제를 좀 더 효율적으로 풀어주고 재정의해야 한다.

Part III

집 걱정, 노후 걱정 없이
건강하게 사는 길

5장

'행복 플랫폼'
미래의 집과 도시

대담자: 이광재 · 마강래 · 양동수

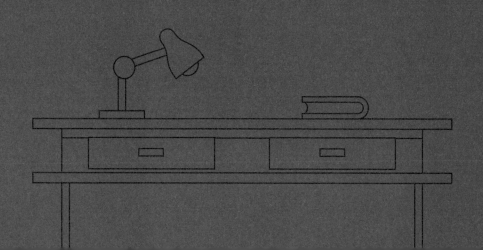

마강래
중앙대학교 교수

도시계획학자. 영국 런던대학교에서 박사학위를 취득한 후 2007년부터 중앙대학교 교수(도시계획부동산학과)로 재직 중이다. 두 권의 화제작 《지방도시 살생부》《지방분권이 지방을 망친다》로 국토균형발전을 통한 지방 문제의 해법을 제시했다. 이어 2020년에는 《베이비부머가 떠나야 모두가 산다》를 출간했다. 베이비부머가 고령자로 편입되는 현실에 주목하면서 청년과 지방을 살리는 대안을 모색했다.

양동수
더함 대표

사회혁신기업 더함 대표이며 공익인권 변호사다. '국내 1호 프로보노 매니저'로서 난민·이주노동자 등 소외계층과 공익인권 변호사를 이어주는 가교 역할을 수행해왔다. 활동가와 사회적기업들을 지원해오던 중에 한국 사회의 많은 병폐가 집적된 부동산 문제에 관심을 갖고 지금까지 '사회적 부동산' 조성 관련 일을 해왔다. 현재는 부동산뿐 아니라 플랫폼, 금융 등 독과점 문제들에 천착해 혁신적인 대안들을 구상하고 있으며, 그 가능성을 '로컬'과 '커뮤니티'에서 발견하고 있다.

코로나19 위기로 벌어진 각종 사회적 격차가 심각한 이슈로 부상했다.
빈부·주거·일자리·교육·세대 격차 등 어느 하나 쉽지 않은 과제다.
특히 수도권과 지방의 격차는 우리네 삶의 질을 크게 떨어뜨리는 원인
이다. 부동산값을 잡기 위한 3기 신도시 건설, GTX(수도권 광역급행철도)
건설도 장기적으로 수도권 집중 현상을 부추길 뿐이라는 지적이 나온다.
서울 일극체제 속에서 지방 중·소도시들은 소멸의 늪으로 빠져들고
있다. 부동산·주거정책의 해법을 모색하기 위해 마강래 중앙대
교수(도시계획부동산학과)와 양동수 더함 대표를 만났다.
국토균형발전을 연구해온 마강래 교수는 베이비부머 세대·지방
도시·중소기업 삼자=를 연계해 50~60대 은퇴자들의 노후생활을
적극 지원하자고 제안했다. 마 교수는 대학 기반의 은퇴자
주거복합단지CCRC·Continuing Care Retirement Community가 미국과 일본에서
주목 받는 현상을 소개했다.
공동체의 회복과 느슨한 연대를 추구하는 조합형 아파트 개발을
추진하는 사회혁신기업 더함을 운영하는 양동수 대표는 각자도생 사회를

극복하려면 커뮤니티를 확대해야 한다고 주장한다. 건설업체 중심의 부동산 개발 모델과 정책에서 벗어나 입주민 중심의 주거 시스템을 마련해야 한다는 것이다.

행복의 요소와 사회 안전망

이광재 의원(이하 이광재)　사람과 집이란 공간은 떼려야 뗄 수 없는 관계입니다. 집과 집이 모여 마을을 이루고 공동체를 이뤄 문명을 발전시킵니다. 대한민국은 지금 내 집 마련 때문에 몸살을 앓고 있습니다. 마강래 교수님과 양동수 대표님을 모시고 집과 공동체, 부동산과 도시를 화두로 이야기를 나눠보겠습니다. 양동수 대표님께서는 어떻게 주거와 커뮤니티에 관해 연구하게 되셨나요?

양동수 대표(이하 양동수)　집은 사람이 거주하는 공간이고, 그 공간은 사람들이 맺는 관계들로 구성됩니다. 마을·도시·국가를 이루는 바탕에 사람이 있는 거죠. 한국 사회는 주거를 투자 상품이나 재화의 관점으로만 접근하고 있습니다. 주거와 도시를 바라보는 관점을 사람 중심으로, 사회 관계망이라는 본질로 어떻게 전환할 수 있을까? 커뮤니티를 어떻게 복원할 수 있을까? 이런 고민을 해왔습니다.

이광재　아파트라는 주거 공간이 갈수록 개인을 고립시키고 이웃을 잃게 만들고 있습니다. 주거 영역 내에서 커뮤니티의 필요성을 깨닫게 된 이유는 무엇입니까? 어떤 문제의식으로 시작했는지 궁금합니다.

양동수 저는 주거 등 부동산 문제의 해결책을 찾기 위해 커뮤니티 기반의 부동산 개발업을 추진하는 사회적기업 더함을 운영하고 있습니다. 원래 비즈니스를 하는 사람은 아니었고요. 공공이나 정부 혁신, 사회적가치 같은 주제에 대해 꾸준히 의견을 내왔습니다.

그러다가 매년 경제협력개발기구^{OECD}에서 국가별로 발표하는 사회적 관계망 지수를 보았습니다. 한국 사회 내의 관계망이 엄청나게 무너져 있더라고요. 자신이 곤경에 처해 있을 때 도움을 요청할 만한 가족이나 친구, 동료가 있느냐는 질문에 '그런 사람이 있다'라는 응답률이 OECD 회원국 중 꼴찌고 그 격차도 갈수록 벌어지고 있습니다. 우리가 각자도생 사회로 가고 있다는 뜻입니다.

그런데 50대 이상에게 이런 이야기를 하면 체감을 하지 못합니다. 그분들은 여전히 관계망이 있기 때문입니다. 2030세대가 겪는 사회적 관계망·안전망 해체의 문제는 비단 청년만의 문제가 아닙니다. 1인 가구가 다수인 노인 역시 겪고 있는 문제죠. 각종 사회적 난제의 근원에는 사회 안전망의 부재가 있습니다. 국가 시스템만으로 그것을 확충하기는 역부족입니다.

저는 커뮤니티가 이를 보완해야 한다고 생각했습니다. 커뮤니티를 형성하기 위해선 공간이 필요하고 이는 결국 주거와 지역, 도시 문제로 확장됩니다. 공간 문제, 그리고 그와 밀접하게 연결된 금융 문제를 풀기 위해 연관된 사업들을 진행 중에 있습니다.

이광재 한국 사회가 각자도생의 불행한 사회로 가고 있다는 말씀이신데요. 수도권에서는 집값 폭등 때문에 몸살을 앓고 있습니다. 마강래 교수님께서는 왜 이런 문제가 생겼다고 생각하시나요?

마강래 교수(이하 마강래) 너무 복잡한 사회 현상입니다. 많은 사람이 이렇게 말씀합니다. '좋은 곳에 살고 싶은 수요가 폭증하는데 그에 맞는 공급이 부족하니까 집값이 상승한다'고요. 반은 맞지만 반은 문제의 본질에서 벗어납니다. 집값 상승은 국토 공간에서 인구·산업의 쏠림이 심화하면서 생긴 현상입니다. 수도권 면적이 전체 국토의 12%밖에 안 되는데 수도권 인구는 50%를 넘지 않았습니까? 통계청 예측에 의하면 앞으로도 계속 인구·산업이 수도권에 더 집중될 거라고 합니다. 그런 상황이라면 집값 폭등 현상을 목도할 수밖에 없겠죠.

지금껏 수도권의 주택 공급이 부족했다는 판단하에 1기, 2기, 3기 신도시 정책과 이와 연계된 광역교통망 계획이 계속 나왔습니다. 하지만 이는 단기적인 방안입니다. 주택공급정책은 주택뿐 아니라 주변 인프라도 함께 정비하는 작업입니다. 대규모 주택이 공급되는 지역은 새 도시로 변모하고 양질의 주택이 공급될 여지가 생깁니다. 그렇게 되면 단기적으로는 주택 공급이 늘어나 가격이 내려가지만, 장기적으로 보면 사람들이 그 지역을 더 선호하게 만드는 현상이 발생합니다. 최근 10여 년간 공급된 주택들은 수도권에 굉장히 집중돼 있었고 앞으로도 그렇게 계획이 잡혀 있습니다. 신도시 건설부터 도심 재개발 같은 온갖 사업이 수도권에 쏟아지겠죠.

여기서 질문을 던져야 합니다. 공급 이외에 장기적으로 우리는 어떤 대안을 갖고 있는가? 저는 공급 확대도 필요하지만 기본적으로 수도권의 과밀 압력을 낮출 균형발전정책이 중요하다고 봅니다. 부동산 수급정책에도 균형발전정책이 포함돼야 합니다.

이광재   마 교수님께서 주택 공급 부족과 균형발전정책의 미흡이라는 두 가지 문제를 지적했습니다. 과거 몇 차례의 신도시 개발정책을 보면 주로 서울 주위에 베드타운을 만들었고 주거와 일자리가 분리됐습니다. 하지만 일자리 없이 집만 지어서는 의미가 없습니다. 일자리와 집, 커뮤니티 공간이 결합되는 모델을 찾아야 합니다.

양동수   부동산정책이 국토균형발전과 연결돼야 한다는 시각에 동의합니다. 산업·일자리 정책이 계속 수도권 위주로 마련되다 보니 인구가 몰리고 있어요. 비非수도권 지역은 대체로 전통산업을 기본으로 삼고 있기 때문에 4차 산업혁명 시대에 더욱더 쇠퇴할 가능성이 큽니다. 인구가 줄어드는데 수도권 집중현상은 가속화하는 기이한 구조가 되는 거죠. 정부에서는 지방을 살리기 위해 기업도시, 혁신도시를 만들고 정부 공공기관도 이전하고 있습니다. 기술적으로 4차 산업혁명에 맞춰

교통망, 통신망을 개편하려 하고요.

경제·기술적 요소뿐만 아니라 사람들이 안전하게 살 수 있는 공간, 사회적 '삶의 질'을 높이는 안전망 회복이 필요합니다. 균형발전정책에 삶의 질이란 항목이 들어가야 합니다. 일터·삶터·놀이터가 쉽게 분리되지 않는 게 우리 시대의 트렌드죠. 과거에는 사람들이 일자리와 주거 공급에 만족했다면 이제는 삶의 질에도 민감하게 반응합니다. 일자리와 주거가 보장돼도 그 외의 것이 보장되지 않으면 지역을 그냥 떠나갑니다. 국가 차원에서 삶의 질이란 사회적가치를 어떻게 창출할지 고민해야 합니다.

이광재 삶의 질에 대해 말씀하셨는데 유엔 개발지수나 OECD 삶의 질 지수, 세계보건기구WHO 건강 지수 등 전체 지표 내용을 살펴보면 일이 있느냐, 소득이 있느냐, 주거가 안정됐느냐, 돌봄이 있느냐, 교육·의료·문화가 있느냐, 저비용이 존재하느냐, 공동체가 있느냐 등의 공통점을 발견할 수 있는데요. 이런 요소를 행복의 측면에서 본다면 어떨까요? 과연 어떤 요인이 행복을 좌우하는 걸까요?

마강래 중요한 말씀입니다. 많은 정책과 법규의 목적에 '국민의 행복'이 포함됩니다. 삶의 만족감 척도에 관한 계량 분석을 해보니 압도적으로 행복감을 크게 늘리는 요인이 있었습니다. 바로 소득입니다. 자본주의에서 소득의 영향력은 막대합니다. 실증분석 결과를 보면 가난했던 사람들이 일정 수준의 소득을 확보하면 행복감이 수직 상승합니다. 해외의 사례도 비슷하

유엔 개발지수나 OECD 삶의 질 지수, WHO 건강 지수 등 전체 지표 내용을 살펴보면 일이 있느냐, 소득이 있느냐, 주거가 안정됐느냐, 돌봄이 있느냐, 교육·의료·문화가 있느냐, 저비용이 존재하느냐, 공동체가 있느냐 등의 공통점을 발견할 수 있는데요. 이런 요소를 행복의 측면에서 본다면 어떨까요?

게 나타납니다. 한 가지 흥미로운 사실은 소득 변수는 일정 수준까지만 행복에 영향을 준다는 거예요. 그 수준이 우리나라 연봉 기준으로 7,000만 원 정도라고 합니다.

개인의 행복 포트폴리오를 짚어본다면 소득 말고도 건강, 교육, 결혼에 자녀를 키울 기회가 포함됩니다. 양 대표님이 강조했듯 이 모든 걸 다 갖고 있어도 도루묵이 되는 게 있어요. 공동체입니다. 주위에 대화 상대나 의지할 상대가 없다면 모든 걸 다 가져도 행복감이 추락하는 거죠.

지방 답사를 갔을 때 놀랐던 건 지방 도시에서 일자리가 빠른 속도로 사라지고 있다는 사실이었습니다. 도시는 일하고 먹고 마시고 놀고 정주가 가능한 융·복합 공간이어야 합니다. '1+1+1'은 3이 아니라 7 또는 8이 되는 시너지 효과를 내야 하는데 그렇지 못한 곳이 많아요. 비수도권 지역에 사는 사람들의 기본 욕구를 충족시킬 수 있는 도시가 많아져야 수도권 집중 현상을 막을 수 있습니다.

이광재 공급자 중심이 아니고 행복한 국민이란 목표로 놓고 본다면 그 요소로 첫 번째는 어느 정도 소득이 좀 있어야 하고, 두 번째는 건강한 삶, 결혼할 기회, 자녀를 가질 기본 조건 등과 같은 물질적인 측면을 충족해야 한다고 말씀해주셨습니다. 세 번째로 공동체 문제를 지적해주셨습니다. 하버드 대학교 교수가 70년간 행복한 인생이 뭘까 연구해보니 그 비결은 '좋은 관계'에 달려 있다고 합니다. 앞서 언급된 삶의 요소들을 기본 패키지라고 해봅시다. 이런 패키지는 사실 서울의 어느 한 도시 공간에도 있어야 하고, 지방에도 있어야 하지 않겠어요?

마강래 그렇죠. 그런데 성격이 다릅니다. 서울에서는 융·복합 환경이 있지만 빽빽하니까 경쟁도 심하고 경제적으로 비용이 많이 듭니다. 서울 집값 중위가격이 10억을 넘어 11억 정도가 되는 걸 보면서 졸업하는 대학생들이 그런 이야기를 합니다. "제가 서울에 머무를 수 있을지 모르겠습니다." 진짜 가슴 아픈 이야기에요. 이 친구들의 상황을 사실적으로 계산하자면 1년에 최대한 아끼고 맞벌이까지 해서 5,000만 원씩 20년을 모아야 10억이 되거든요. 20년 후에 그 집값이 그 집값일까요? 전 그렇게 생각하지 않습니다. 훨씬 더 달아나 있을 거예요.

주거정책, 수요자 중심으로 바꿔야

이광재   강원도 원주 같은 지방혁신도시의 사례를 보면 마 교수님 말
씀처럼 자녀교육 문제 때문에 상당수가 서울로 출퇴근을 합
니다. 주말에는 즐길 거리가 없으니까 또 서울로 올라가고요.
결혼 상대가 마땅치 않다는 것도 큰 문제입니다. 세종시와 다
른 혁신도시들도 마찬가지로 어려움을 겪고 있어요. 낯선 사
람들이 모여 사니까 공동체 기능이 부족한 것도 심각한 문제
입니다. 결국 커뮤니티 이야기로 돌아가는 것 같습니다.

양동수   제가 운영 중인 회사에서 약 500세대의 중소 규모 아파트 단
지를 두 개 부지에 조성했습니다. 이 아파트의 입주민들을 중
심으로 기초적인 사회 안전망 구축을 위한 커뮤니티 실험이
활발히 진행되고 있습니다. 여기서 '커뮤니티'란 사람들의 필
요를 채워주는 선한 목표를 가진 공동체를 의미합니다.

커뮤니티를 만들 때 가장 중요한 요소는 공간의 지배력을
누가 주도적으로 행사할 것이냐 입니다. 지금까지 주도적으
로 권력을 행사해온 주체는 건설업체나 금융 자본이었죠. 박
근혜 정부 시절 '뉴스테이(New Stay) 정책'이라는 공공지원 민
간임대주택 정책을 펼쳤습니다. 대부분 대형 건설사 중심으
로 사업이 이뤄졌어요. 정부 자금은 최대한 적게 들이되 민간
사업자를 활용해 품질 좋은 임대 아파트를 지어 중산층·서민
이 살게 하자는 취지였습니다.

그 과정에서 가장 큰 문제는 민간 사업자들에게 너무 많이

의존했다는 겁니다. 건설업체들은 전체 사업비의 10%도 안
되는 돈을 투자했고 대부분 공공부문이 출자나 융자 지원을
해줬습니다. 건설사의 입장에서는 초기 리스크가 작고 이후
에 어마어마한 분양 이익을 안겨주는 사업인 거죠. 그런데 정
부나 공공부문은 막대한 수익 사업을 건설사 중심으로만 공
모하고 있습니다. 몇몇 건설사가 담합해 더 큰 매출과 수익을
가져가는 실정입니다.

　그래서 저희는 자산의 소유에 대해 다르게 접근했습니다.
건설사가 아니라 입주자들이 건설사 지분에 대신 들어가겠다
고 제안한 겁니다. 민간 임대 방식이긴 하지만 입주자들이 사
회적협동조합을 이루고, 조합비를 출자하는 방식으로 소유의
구조에 들어오게끔 한 것이죠. 그 결과 입주자들은 건설사 중
심일 때보다 30~40% 정도 낮아진 임대료 조건으로 입주할
수 있었습니다.

또한 커뮤니티를 만들어가는 과정에서 그 공간을 가장 많이 이용하는 주민이 직접 운영에 참여하고 서비스를 공급하는 방식을 채택했습니다. 자원봉사나 일거리를 만들어 소득을 창출하는 선순환 구조를 만들었죠. 놀라운 건 저희가 의도하지 않았음에도 다양한 형태의 일자리가 주민들에 의해 만들어졌다는 거예요. 지금까지 500세대 기준으로 70개 정도 일자리가 만들어졌습니다. 이런 커뮤니티들을 도시 단위로 연결할 수 있다면 훨씬 더 많은 일자리를 만들 수 있을 겁니다.

저희는 커뮤니티 기반의 일자리를 만들기 위해 경상남도에 이런 방식을 제안했습니다. 경상남도에서는 이것을 산업단지와 연계하고 싶어 합니다. 그럴 경우 육아·돌봄·교육·문화를 제공하는 인프라가 구축돼 주민 입장에서 삶의 질이나 가처분 소득을 높일 수 있습니다.

마강래 굉장히 긍정적인 시도라고 생각합니다. 다만 일자리를 학문 영역에서는 크게 두 가지로 구분합니다. 하나는 기반 일자리, 또 다른 하나는 비非기반 일자리입니다. 전자는 농업, 제조업 같은 기초적인 일자리를 이야기합니다. 후자는 서비스업, 행정과 같은 일자리를 뜻합니다.

일자리가 파생되는 메커니즘에도 순서가 있습니다. 제조업 같은 기반 일자리가 들어오면 사람들이 모여들고, 그 사람들을 뒷받침하기 위한 서비스업 일자리들이 생깁니다. 반면 비기반 일자리인 서비스업이 잘된다고 해서 기반 일자리가 따라오지는 않습니다. 순서가 있는 거죠. 비기반 일자리는 양

대표님 말씀처럼 주민 스스로 단지 내에서 만들어낼 수 있습니다. 커뮤니티에서 만들어지는 일자리는 하위 단위의 아주 작은, 보충성의 원리로 생긴 것입니다. 반면에 기반 일자리를 많이 만들려면 광역 지자체나 국가의 역할이 커져야 합니다. 저는 양자의 역할 모두 중요하다고 봅니다.

생활 사회간접자본SOC에도 위계가 있습니다. 가장 고차 위계는 응급의료센터인데 이런 시설은 엄청난 배후 인구가 필요합니다. 발생빈도가 높지 않아서 규모의 경제를 요구하죠. 고급 백화점도 위계가 높습니다. 저차 위계에는 담배 가게, 카페와 같은 생활 인프라가 해당됩니다. 작은 지방 도시에 살다 보면 위급 상황이 발생했을 때 응급센터에 가기 힘들어요. 이런 도시에선 인구가 빠져나가게 되겠죠. 그러면 차상위 위계 SOC가 또 빠져나가요. 대표적인 예가 영화관입니다. 군郡급 지역에 영화관이 없는 곳이 굉장히 많아요.

고차 위계 SOC가 존재할 수 있는 도시 규모는 어느 정도일까요? 도시계획 관점에서는 25만~30만 명 정도의 인구가 있어야 생긴다고 판단합니다. 25만 명 이하로 내려가면 인구는 계속 줄어드는 하방 압력을 받습니다. 지역의 생존을 위해 광역권의 연계 전략이 필요한 이유입니다.

우리나라에는 226개의 기초 지자체가 있습니다. 여태까지 기초 지자체 중심으로 균형발전정책을 펼쳤지만 앞으로 도시권역을 중심으로 균형개발 개념을 다시 설계할 필요가 있습니다. 왜냐하면 GTX-A, B, C 노선이 수도권에 건설되면 서울-경기-인천이 융·복합된 공간으로 완전히 엮이게 됩니다. 수도권 일극체제를 완화시키기 위해 지방에서도 서울 같은 강력한 힘을 가진 대도시 권역이 필요합니다. 부·울·경 메가시티처럼 행정구역을 통합해 산업 생태계를 제대로 구축하는 게 균형발전정책의 시발점입니다.

이광재 집을 중심으로 한 커뮤니티와 소득을 만드는 공간이 일치할 수도 있지만 떨어져 있으면 불편합니다. 한 공간에서 출퇴근 시간이 줄어들면 줄어들수록 좋을 것 같은데요. 어떻게 생각하십니까?

마강래 서울 집값이 폭등했습니다. 통계적으로 보면 젊은 층이 자꾸 밀려나고 있어요. 실질적으로 일자리는 산업구조 변화 과정에서 연구·개발 일자리라든가 기술 기반형 일자리들이 교통 결절점(여러 교통기관이나 수단이 연결되는 지점) 도심으로 자꾸 집중되고 있습니다. 스타트업(신생 기업) 분포만 봐도 수도권에 압도적인 다수가 있고요. 수도권 중에서도 서울에 몰려 있습니다. 서울 중에서도 강남 테헤란로 중심으로 다수가 몰려 있죠. 일자리는 재편되고 있는데 집값이 막 올라가니까 젊은 층이 점점 밀려나는 거예요. 통근 시간도 점점 길어지고 있고요. 시간을 화폐가치로 환산한다면 엄청난 사회적 손실이 발생하는 겁니다.

이광재 지방의 거점지역에 세운 혁신도시가 왜 절반의 성공에 그쳤는지 실패 원인을 생각해보게 됩니다. 한국이 OECD 회원국 중 가장 출퇴근 시간이 긴 나라라고 합니다. 일하는 곳과 주거가 가급적 근접해 있으면 훨씬 좋겠죠. 일자리가 갖춰져도 사람들에겐 교육·돌봄·관광·문화 공간이 필요합니다. 커뮤니티가 있어야만 정착할 수 있다는 사실을 증명하는 결과겠죠. 미국 하버드 대학교, 스탠퍼드 대학교를 가 보면 대학가 옆에 벤처·바이오단지가 자리 잡고 있습니다. 반면, 우리 대학가에는 술집이나 유흥업소가 많죠.

저출생·고령화 시대에 대학교 토지를 활용해 주거단지와 함께 창업·일자리단지를 만들면 어떨까요? 대학교의 인적 자원이 풍부하니 새로운 커뮤니티를 만들 수 있지 않을까요? 포스텍, 지스트, 카이스트와 같은 경쟁력 있는 대학과 지역 커뮤니티를 함께 키워나가는 겁니다. 청년 세대 입장에서도 대학원을 다닐 때까지 지역에 머무를 수 있고 벤처 창업 기회를 잡을 수도 있고요. 물론 정부나 지자체의 지원이 상당 부분 뒷받침돼야 합니다.

양동수   그렇지 않아도 지방 거점 대학에서 사업 의뢰가 많이 들어옵니다. 학생 수가 줄고 있는 상황에서 학교 땅은 넓은데 용도가 제한돼 있잖아요. 그 땅을 활용해 롱스테이Long Stay 주거 공간을 만들자는 제안입니다. 롱스테이는 '농어촌숙박시설에 장기 거주하며 지역에서의 삶을 체험하는 콘셉트의 프로그램'이에요. 일자리 연계도 그 안에서 함께 고려되고 있는데, 지방 거점 대학이 롱스테이 모델에서 중요한 역할을 해줄 수 있을 거라 생각합니다. 지역 주민에게 대학을 개방하면 평생교육 시스템을 만들 수 있고 외부 사람들이 와서 수업을 듣는

프로그램도 만들 수도 있죠.

지역 활성화를 위한 좋은 방안이지만 현재 법적 제약이 많습니다. 저희가 위스테이별내라는 491세대 아파트 단지 안에서 뭔가를 실험하려고 해도 공동주택관리법이라든지 주거 관련 법규에 막히는 부분이 너무 많아요. 제가 변호사니까 법적으로 풀어보려 했는데 현행 구조에서는 별도의 규제프리존을 만들지 않는 한 도저히 안 되겠더라고요. 그야말로 첩첩산중입니다.

그런데 관련법을 조금만 바꿔줘도 여러 실험을 할 수 있습니다. 제가 생각하는 커뮤니티의 기본 단위는 500~1,000세대입니다. 이 규모로 다양한 정책 실험을 할 수 있습니다. 정부와 공공부문이 하기 힘든 공동체 실험이죠. 대표적으로 육아 프로그램이 있습니다. 교육부와 복지부에서 온종일돌봄, 다함께돌봄과 같은 돌봄시스템 실험을 저희와 함께하고 있어요.

　새로운 정책과 비즈니스를 실험해보려면 규제 샌드박스를 활용하는 게 제일 빠른 길입니다. 예를 들어 지방 대학이 공공성을 훼손하거나 사적 이익을 추구하는 구조를 어떻게 제어할 수 있을지 먼저 샌드박스를 통해 시험한 후 법·제도를 구체적으로 개선하는 겁니다. 법안부터 만들면 국회에서 통과돼도 다른 법망에 또 막혀서 현실적으로 작동하지 못합니다. 규제 프리존을 만들어 총체적인 실험을 먼저 해봐야 합니다.

마강래　미국 노스캐롤라이나주 북부에는 리서치 트라이앵글 파크 RTP·Research Triangle Park라는 일종의 연구 중심 산업단지가 있습니다. 한때는 잘 나갔지만 2000년대 초반부터 전통산업이 쇠퇴하니 이 연구단지도 어려움을 겪었어요. 젊은 인재들이 다른 대도시로 떠났기 때문이죠. 경쟁력이 떨어지는 걸 보며 '산업단지가 도시가 되려면 모든 시설을 갖춰야 하고, 그래야 경쟁력이 생기는구나. 그렇다면 주변 지역을 도시로 만들자'는 획기적인 발상을 한 거죠. 규제를 완화해서 연구단지 중심부에 도시와 유사한 환경을 조성하기 시작했습니다. 주거시설을 단지 내에 개발하고, 대규모 상업시설을 짓고, 대중교통에 막대한 투자를 했습니다.

　해외에서는 요즘 대학 기반의 은퇴자 주거복합단지CCRC를 시행하고 있습니다. 형태가 굉장히 다양하고요. 대학에 개발권을 주는 경우도 있습니다. 대학이 개발권을 갖고 직장인친화 마을과 커뮤니티를 만들고 그 대학은 평생교육의 장으로 활용됩니다. 학생들도 인생 이모작을 설계하기 위한 교육도 받고 여러 다른 일을 할 수 있습니다. 각 세대가 자연스럽게 어울리고 돕는 선순환 구조가 만들어지는 거죠. 이런 흐름이 미국이나 일본에서 주목 받고 있습니다. 우리나라도 이 시스템을 벤치마킹할 필요가 있지 않을까요?

4차 산업혁명 과정에서 젊은 세대가 선호하는 입지가 대도시 중심으로 고착화되고 있습니다. 만약 산업단지 주변의 정주 환경을 좋게 만든다면 베이비부머 세대의 은퇴자나 지식과 기술력을 쌓아온 사람들이 가세해 새로운 인생 2막을 살 수 있지 않을까요? 주 3~4일 일하고 월 200만 원 정도 받을 수 있다면 좋은 유인책이 될 거라 봅니다.

이광재 지금까지 논의를 정리해보면 삶의 질 문제로 귀결되는 것 같습니다. 행복한 국민의 결정적인 전제 조건은 소득이겠죠. 그 다음은 건강한 삶, 결혼할 수 있는 기회, 자녀들을 낳아 기를 만한 환경 같은 물질적 조건이 있습니다. 이와 함께 좋은 이웃, 공동체가 굉장히 중요합니다.

이 모든 것은 도시에서 발현됩니다. 서울 일극체제에서 벗어나서 부·울·경 메가시티, 광주·전남, 대전·충남 등 각지에서 규모의 경제를 만들어야 합니다. 약 10만~30만 명 정도의 작은 도시 안에 1,000세대가 기본인 커뮤니티가 자리 잡고 마 교수님이 말한 기반 일자리가 창출된다면 주민 행복지수를 높이는 미래가 그려집니다. 이 커뮤니티 속에서 평생학습 장도 마련할 수 있습니다. 이게 가능하려면 도시계획 권한이나 토지 공공성을 획기적으로 높이는 실험이 필요합니다. 장차 규제 샌드박스나 규제프리존을 만들어 각종 규제를 혁파해나가면 좋을 것 같습니다.

베이비부머의 귀촌·귀향과 균형발전

이광재 마 교수님께서는 베이비부머 세대의 귀촌과 국토균형발전에 관해 연구해오셨습니다. 제 주변을 둘러보면 50대 중반 이후 매일 컴퓨터 앞에 앉아 인터넷 검색을 하는 사람이 많습니다. 곧 직장을 그만둬야 하는데 어디 가서 살아야 할지 걱정하기 때문입니다. 1년에 50만 명 정도가 귀농·귀촌을 하지만 나 홀로 가기 때문에 대부분 성공하지 못합니다. 그들이 희망을 가질 수 있어야 건강하고 행복한 사회로 거듭날 텐데요. 마 교수님께서 마魔의 해법을 알려주시면 좋겠습니다.

마강래 딱 부러지는 해법이 있겠습니까. 통계 분석을 하다가 베이비부머 세대의 규모와 범위가 생각보다 크다는 사실에 놀랐습니다. 1차 베이비부머를 1955~1963년에 태어난 720만 명으로 잡는데 2차 베이비부머 세대는 1974년생까지 분류합니다. 이들 세대 규모가 대한민국 인구에서 3분의 1을 차지할 정도입니다.

베이비부머의 맏형 격인 1955년생이 2020년부터 65세 인구로 편입됐습니다. 앞으로 20년 동안 고령 인구가 늘어나면 엄청난 복지지출 재정 압박이 심해질 겁니다. 전 세계에서 가장 빠른 고령화와 저출생이 맞물려 진행되고 있습니다. 이런 현상과 속도는 세계 역사상 전무후무한 일입니다. 우리 사회가 어떻게 대응하느냐가 정말 중요합니다.

베이비부머 세대에 은퇴 후 부부 기준으로 월 생활비가 얼마나 돼야 살 수 있겠느냐고 질문했던 연구가 있어요. 결과는 평균 240만 원으로 나왔습니다. 최소 생계비는 어느 정도 필요하겠느냐고 물었더니 174만 원이란 답이 나왔죠. 은퇴 후 174만 원을 확보할 사람들이 그렇게 많지 않아요. 우리나라 노후의 현실입니다.

우리나라는 실질 은퇴 연령이 남녀 72세로 OECD 1위입니다. 능력과 의욕을 갖춘 베이비부머 세대가 안타깝게도 잉여로 취급되고 있습니다. 공간적으로 보면 지방, 비非수도권 지역이 그렇습니다. 인구가 줄어 점차 지방이 소멸하고 잉여 공간이 넘쳐납니다. 산업·경제적으로 보면 일할 사람을 찾지 못해 중소기업은 점점 힘들어질 겁니다.

우리나라에 새로운 판이 필요합니다. **인구, 공간, 산업·경제 측면에서 제대로 인정받지 못하는 이 삼자(三者·베이비부머, 지방도시, 중소기업)가 결합하면 국가 잠재력을 높일 거라 봅니다.** 삼자의 결합은 베이비부머의 귀촌·귀향으로 실현될 가능성이 있습니다. 베이비부머 세대가 귀촌·귀향할 때 국가적으로 지원해줘야 합니다. 지방 기업에서 구인난이 굉장히 심한 만큼 지역 대학과도 연계해 인생 이모작을 위한 재교육

을 받게 해줘야 합니다.

공공임대 방식으로 살기 좋은 집을 공급해주면 주 3~4일 일하고도 노후 생활비를 채우는 삶을 살 수 있습니다. 앞으로 30~40년 삶이 그려지지 않는 사람들에게 '지역에 내려가면 공동체도 형성되고 일자리도 잡을 수 있겠구나'라는 희망을 그려주는 거죠.

부동산정책 차원에서도 효과가 클 것입니다. 기본적으로 새로운 주택을 공급하려면 아무리 서둘러도 4~5년 정도 걸립니다. 그러나 귀촌·귀향을 하는 베이비부머 세대는 그보다 훨씬 빨리 공급 효과를 낳을 수 있죠. 베이비부머들이 수도권에서 대략 50만 명쯤 빠진다고 가정하면 그만큼 주택공급이 이뤄질 것입니다. 매매·임대시장에 물량이 나오기 때문이죠. 베이비부머, 지방도시, 중소기업 삼자의 결합으로 부동산 문제, 지역 균형문제를 풀 수 있는 실마리를 찾을 수 있습니다.

양동수 더함에서는 2021년 안에 베이비부머 세대를 위한 액티브 시니어 주거모델 구축을 계획하고 있습니다. 공무원연금공단에 이런 수요가 있어 확인을 해보니, 현재 연금을 수급 중인 은퇴 공무원의 수가 꽤 되더라고요. 이분들은 아직 뭔가 하고 싶은데 그 욕구를 충족시켜줄 만한 게 사회적으로 아직 없습니다. 실험적으로 농촌 지역의 숙박 시설과 연결해 한두 달짜리 롱스테이 프로그램을 열어봤더니 엄청나게 지원을 많이 하더라고요. 농촌·산촌·어촌 지역의 생활에 점차 적응할 시간을 주고 일거리를 찾는 방식의 설계가 필요합니다.

최근 저희가 굿네이버스와 협약을 맺고 시니어 주거모델을 개발하는 중입니다. 굿네이버스 회원 중 1955~1965년생 비중이 상당하다고 들었어요. 한국에서는 아직 시니어 주거를 한다고 하면 70~80대들만 모이고, 주거모델 역시 이들에게 도움을 주는 방식으로만 설계돼 왔습니다. 베이비부머 세대, 액티브 시니어를 위한 새로운 모델이 없는 거죠. 이들과 지자체가 연계해 새 모델을 만들면 전국적으로 확산할 수 있을 거라 봅니다.

이광재 좋은 말씀입니다. 지방 거점 대학, 도시 주변에 임대료가 낮은 주택을 제공하되 학교라는 공간을 이용해 일과 연구, 공부를 하도록 지원하면 훨씬 삶의 만족도가 높아질 것 같습니다. 그런 도시를 곳곳에 만들어야 합니다. 국민연금, 공무원연금을 비롯해 각종 연기금이 보유하고 있는 돈이 2,000조 원쯤 되거든요. 이 돈을 잘 활용해 지방 도시나 시골에 있는 빈집을 사들여 청년과 시니어 세대에 주거 서비스를 값싸게 제공할 수 있다면 우리 사회가 좀 더 건강해지지 않을까요.

양동수 이대로 가면 한국 사회는 심각한 위기에 봉착할 수밖에 없습니다. 복합적인 사회 문제가 한꺼번에 터져 나오는 상황에서 개별 대응 방식으론 한계가 있습니다. 앞으로 10년 안에 해결책을 찾지 못하면 다음 세대에 진짜 면목이 없겠죠. 이젠 국가가 모든 것을 할 수 있는 시대나 사회가 아닙니다. 국가와 사회보다 시민과 개인이 새로운 형태의 공동체 구조를 다시 짜야 하는 시점입니다.

공공부문이 모든 것을 중앙 주도 방식으로 한다면 개개인의 욕구와 필요를 세밀하게 감지하지 못합니다. 주체를 다변화해 이들이 더 잘할 수 있도록 지원·육성하고, 이들이 상호작용을 하게끔 해야 합니다. 그중 삶의 질을 담아내는 주거 문제 해법부터 바꾸어야 합니다.

마강래 동의합니다. 주택을 가격 순으로 세워놓고 반을 잘라서 평균, 중위라고 한다면 하위에 해당하는 사람들의 주거 기본권이 우선 지켜져야 합니다. 그보다 상위 주택에 대해선 누진적으로 세금을 매길 수 있을 겁니다. 그렇게 확보한 재원이 실질적으로 주거 기본권을 보장받지 못하는 계층에 돌아갈 수 있도록 시스템을 재정비해야 합니다. 그 핵심엔 토지가 있습니다. 안타까운 건 3기 신도시 사업에서 어렵사리 그린벨트를 풀어 공공택지를 확보해놓고도 그걸 민간에 팔아버렸다는 겁니다. 정말 안타깝습니다.

이광재 저출생·고령화 예산으로 우리 정부가 지난 5년간 무려 200조 원을 넘게 썼는데 이 현상은 오히려 더 악화되고 있습니다. 국가가 정책 운용 과정에서 공급자 중심의 관점에서 벗어나 우리 삶을 어떻게 바꿀 것인지 근본적인 접근을 달리해야 합니다. 가장 기본 분야는 소득과 주거 플랫폼입니다. 행복한 삶이란 목표를 위해 조금 더 과학적으로 정책 수단을 설계하고 기존 관념에 도전해야 할 필요가 있습니다. 내 집이 없는 800만 명, 임대주택에 사는 150만 명을 우선순위에 둬야 합니다.

저 또한 정치인으로서 그동안 공급자 마인드로 정치와 정책을 추진하지 않았는지 반성이 되는데요. 정책의 목표를 명확하게 하고 국민의 평가를 받아야 합니다. 일자리와 소득, 주거 안정성, 교육과 돌봄 등 공동체 지표 지수를 만들고 그 점수를 기준으로 정치인을 평가하는 시스템이 필요합니다.

여태까지 우리 정부 관료나 정치인은 국내총생산GDP 수치에 매달려왔습니다. 그러나 GDP가 올라갔지만 국민이 행복해지지 않았습니다. 삶의 질을 측정한 성적표를 중시한다면 우리 정치가 격투기가 아니라 기록 경기로 전환될 거라 봅니다. 개개인이 자신의 삶을 인간답게 살아가는 공동체를 만드는 게 우리 시대의 최대 과제입니다. 결국 인간이 중심입니다. 오랜 시간 좋은 말씀 감사드립니다.

주택과 도시 정책, 공급자 중심에서
수요자 중심으로 전환이 필요하다

미래 주택은 일, 교육과 돌봄, 의료, 문화 시설이 함께 있어 삶의 질이 높은 '행복 플랫폼'이 되어야 한다. 그동안 땅, 공장, 오피스 빌딩이 부가가치를 만들었다면, 이제는 미래 주택과 도시가 부가가치를 탄생시킬 것이다. 나아가 최대 수출 상품이 될 것이다.

하나. 주거와 산업이 결합된 '대학도시'를 조성하자.
저출생·고령화 시대에 상대적으로 저렴한 대학교 부지를 활용해 주거단지 및 창업·일자리 단지를 만들자는 의견을 제시했다. 인적 자원이 풍부한 경쟁력 있는 대학과 지역 커뮤니티를 함께 키워나가면 노인 인구도 그 안에서 자신의 역할을 찾을 수 있고, 청년 세대도 대학원을 다닐 때까지 지역에 머무르며 벤처 창업 기회를 잡을 수도 있다.

둘, 지역 거점도시에 '행복플랫폼'을 조성하자.

서울 일극체제에서 벗어나 부·울·경 메가시티, 광주·전남, 대전·충남 등 각지에서 규모의 경제를 만들어야 한다. 약 10만~30만 정도의 작은 도시에 1,000세대가 기본인 커뮤니티가 자리를 잡고 '기반 일자리'를 창출하면 주민 행복지수를 높일 수 있고 평생학습의 장도 마련할 수 있다. 이를 위해 도시계획 권한이나 토지 공공성을 획기적으로 높이는 실험이 필요하다.

셋, 연기금 등을 활용해서 값싼 주거 서비스를 제공하자.

지방 거점 대학이나 도시 주변에 임대료가 낮은 주택을 제공하고 학교에서 일과 연구, 공부를 하도록 지원하자. 국민연금, 공무원연금 등 각종 연기금이 보유한 2,000조 원쯤 되는 자금을 활용해 지방도시나 시골에 있는 빈집을 사들여 청년과 시니어 세대에 주거 서비스를 값싸게 제공할 수 있다면, 우리 사회가 좀 더 건강해질 수 있을 것이다.

6장

백세 시대의 해법,
60세 재교육과
스마트 건강도시

대담자: 이광재 · 홍윤철

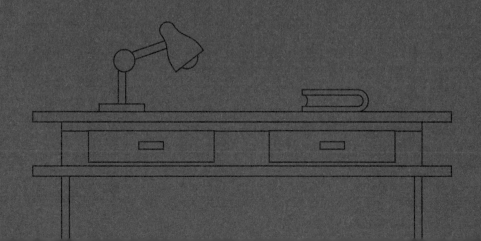

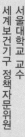
홍윤철
서울대학교 교수
세계보건기구 정책자문위원

1960년 서울 출생으로 서울대학교 의과대학을 졸업하고 가정의학·예방의학·직업환경의학 전문의 자격을 취득했다. 현재 서울대학교 의과대학 휴먼시스템의학과 교수로 재직 중이며 '인간, 사회, 그리고 의료' 과목을 가르치고 있다. 서울대병원의 공공보건의료진흥원 원장 및 환경의학 연구소 소장을 겸임하고 있다. 저서로는 《팬데믹》《질병의 탄생》《질병의 종식》이 있으며 최근 《코로나 이후 생존도시》를 출간했다. 국제학술지에 350여 편의 논문을 게재했다. 대한민국의학한림원과 한국과학기술한림원의 정회원 및 세계보건기구WHO 정책자문위원으로 활동 중이다.

코로나19 위기와 기후 위기를 계기로 우리는 건강과 생명, 안전이 얼마나 중요한지 절감하고 있다. 여기에 더해 우리 사회는 저출생·고령화의 도전에 부딪혔다. 65세 이상 노인이 2050년께 전체 인구의 40%에 이를 전망이다. 대한민국은 과연 인류 문명의 새로운 지평을 열 수 있을까? 이 질문에 대한 답을 찾기 위해 '스마트 건강도시' 건설을 주창해온 홍윤철 서울대학교 의대 교수를 만났다.

홍 교수는 서울대병원의 공공보건의료진흥원장 및 환경의학연구소장으로 활약하고 있다.

그가 제안하는 대안은 의료를 뛰어넘어 노인·교육·주거·도시 정책으로 거침없이 연계된다. 노인 문제를 해결하기 위해 정년을 75세로 늦추되 이들이 새 출발할 수 있도록 60세 전후에 2차 대학 교육을 무상으로 지원하자는 것이다. 또한 노인들을 요양원, 요양병원에 분리 수용하지 않고 지역 커뮤니티에서 돌봄·의료 프로그램을 가동하는 노인복지모델을 제시했다.

수도권의 인구 과밀 현상을 완화하기 위해 중·소도시의 의료 서비스를 서울의 빅5(서울아산병원, 삼성의료원, 서울대병원, 신촌 세브란스병원, 가톨릭대학 강남성모병원을 지칭) 병원 수준으로 올리는 방안도 제시했다. 그는 그렇게 하려면 인구 3만~5만 명의 스마트 건강도시를 100개 이상 건설할 필요가 있다고 말한다. 그런 차원에서 분산형 의료 시스템과 스마트 의료, 의료 정보 공유 시스템 등의 도입을 역설했다. 홍 교수는 "앞으로 암보다 무서운 게 우울증이 될 것"이라며 발상의 전환을 촉구했다. 대한민국의 행복지수를 올리려면 친밀감·교류·돌봄 같은 공동체 효과에 주목해야 한다는 취지다.

모방의 시대에서 추월의 시대로

이광재 의원(이하 이광재)　코로나19가 시작된 지 벌써 1년 반 정도 됐습니다. 문재인 정부의 코로나19 백신 확보에 대해 미진하다는 비판도 있지만 방역 분야에선 어느 나라 못지않게 잘했다는 평가도 받았습니다. 홍 교수님께선 감염병과 예방의학을 공부해온 학자로서 어떻게 평가하시는지요?

홍윤철 교수(이하 홍윤철)　종합 점수로 따지자면 우리 정부와 국민, 의료계의 대응은 우수하다고 평가할 수 있습니다. 그렇지만 조기에 백신을 대량으로 확보하지 못해 평가가 엇갈리는 부분도 있습니다. 현재 백신 접종률이 저조해서 우려되는 부분이 있고요. 지금은 책임 소재를 규명하는 것보다 당장 개선해야 할 프로세스를 검토해야 합니다. 코로나19에 대한 K-방역을 종합적으로 평가하려면 최종 결과물로 평가하는 게 맞다고 봅니다. 확진자 수와 사망자 수로 비교해봐야겠죠. 미국이나 유럽의 확진자, 사망자 숫자에 견줬을 때 월등하게 잘한 것으로 봐야 하지 않을까요.

이광재 저도 이번에 깜짝 놀랐습니다. 선진국이라고 올려다봤던 미국이나 유럽에서 의외로 확진자와 사망자가 많이 나왔습니다. 심지어 환자를 놓고 떠나는 의료진 모습도 뉴스로 전해졌고요. 대한민국이 이른바 '추월의 시대'를 맞이한 게 아닌가 싶습니다. '우리가 배울 수 있는 나라는 많아도, 모방할 수 있는 나라는 없는 게 아닌가?' 하는 생각이 들었습니다. 미국이나 유럽 선진국들은 왜 제대로 대처하지 못했을까요?

홍윤철 나라마다 경우마다 사정이 있을 텐데 단순하게 설명할 수는 없습니다. 하지만 의원님 말씀처럼 이제는 모방할 수 있는 나라, 또는 따라 가야 하는 나라는 적어도 보건의료 분야에서는 없다고 보는 게 맞습니다. 그 점에서는 우리 국민이 자랑스럽게 여겨도 될 것 같아요. 오히려 코로나19를 계기로 보건의료의 틀을 새롭게 짜야 하며 한국이 전 세계 보건의료를 새롭게 선도해갈 기회를 얻었다고 해석할 필요가 있다고 생각합니다.

이광재 이번에 백신을 만든 나라가 미국, 영국, 러시아 등입니다. 그들의 저력을 보면서 선진국이라는 걸 느꼈습니다. 우리가 새로운 백신을 개발할 수 있는 나라로 도약할 방안을 고민하게 되더군요. 특히 모더나의 성공 사례를 보니까요. 원래 임상시험에 시간과 돈이 많이 들어가는데 모더나는 인공지능^AI을 활용해 임상시험을 대폭 줄이는 쾌거를 이뤘습니다. 우리도 AI를 바탕으로 백신 개발 시스템을 구축한다면 언젠가 획기적인 성과를 거둘 수 있지 않을까요.

홍윤철 의료 기반 기술을 확실하게 갖춘 나라가 선진국입니다. 그런 나라에서 백신을 만들 수 있다는 사실이 이번에 확실하게 드러났죠. 우리는 아직 못 만들었지만 조만간 선진국 그룹에 들어갈 수 있는 기반은 충분히 갖고 있습니다. 백신 개발 방식도 많이 달라지고 있습니다. 화이자도 그렇지만 모더나 역시 새로운 방식으로 만들지 않았습니까? 그 방식이 더 안전하고 효과도 크다고 합니다.

앞으로 백신 개발 분야에서 누가 먼저 첨단 기술을 정확하게 효율적으로 응용하느냐가 매우 중요합니다. 코로나19가 발생했을 때 전 세계의 어떤 전문가도 1년도 채 안 돼 백신을 개발할 수 있으리라 예측하지 못했습니다. 아스트라제네카, 얀센, 스푸트니크V 백신도 엄청나게 빨리 개발된 사례입니다. 그런 점에서 우리도 신기술을 적극 활용해 경쟁력을 계속 높여야 합니다.

이광재 스탠퍼드 대학교에서 공과대학과 의과대학이 서로 협력하는 모습이 생각납니다. 앞서 말한 AI 기술도 역시 공과대학 기반이 강해야 하고요. 우리나라에도 <u>카이스트나 포스텍, 지스트에 연구 중심 병원을 만들면 미래 산업 측면이나 신기술을 적용하는 의료 부문에서 빠르게 발전하지 않을까요?</u>

홍윤철 의대와 공대의 협력이 굉장히 중요해졌습니다. 여느 선진국에서도 마찬가지이고요. 하지만 우리는 아직 거기까지 도달하지 못했습니다. 앞으로 우리는 의대와 공대가 융합한 새로운 형태의 교육을 발전시켜야 합니다. 사회 자체가 복잡해졌기 때문에 의대와 공대의 협력 없이는 의료 문제를 해결하기가 어렵습니다.

구체적으로 어떻게 협력해야 하느냐? 머리를 맞대고 만들어야 하는데요. 의대에 공대를 붙이거나 공대에 의대를 붙이는 간단한 문제가 아니라 진정한 협력 시스템을 갖춰 놓아야 합니다. 스탠퍼드 대학교의 모형도 참고할 만한 사례지만 우리는 그보다 한 걸음 더 나아간 새로운 모형을 창출할 필요가 있다고 봅니다.

이광재　코로나19가 장기화되니까 사회 전체적으로 지쳤습니다. 신속진단키트를 활용하거나 백신 접종 속도를 높여서 하루빨리 코로나19에서 벗어났으면 좋겠습니다. 사회적 거리두기만 의존하는 방식으론 한계가 있지 않나 싶어요. 경제와 방역을 병행하자는 주장도 커지고 있습니다. 우리 정부가 11월까지 집단면역을 목표로 삼고 있는데 실현 가능할까요?

홍윤철　요즘 가장 큰 문제는 확진자가 전국 곳곳에서 산발적으로 발생하고 있다는 겁니다. 이걸 통제하려면 검사를 빠르게 확산시키는 게 아주 중요하죠. 얼마 전에 서울대학교에서 신속 PCR검사를 도입하겠다고 발표했는데 조금 더 적극적으로 추진해야 합니다.

집단면역은 전 국민의 70% 정도가 항체를 가질 때 가능합니다. 관건은 역시 백신 접종률이고요. 또 다른 변수로 변이바이러스나 전 세계 집단면역 형성이 있습니다. 우리나라가 지금 더뎌 보이지만 미국 내 접종이 6월 말쯤 끝난 뒤 물량 확보와 백신 접종에 가속도가 붙을 겁니다. 제 생각으로는 어려운 목표겠지만 11월쯤 집단면역 수준에 도달할 수 있으리라 전망합니다. 사회생활이나 경제활동은 2022년 초에 정상화되지 않을까요?

장기적으로 75세 정년 연장 필요

이광재 11월쯤에는 마스크를 벗고 2021년 말에는 진정한 메리 크리스마스를 맞기를 기원합니다. 화제를 좀 바꿔보겠습니다. 요즘 세간에서 백세 시대라는 말을 많이 하는데요. 1901년도에 평균 기대수명이 40세였으니 120년 만에 백세 시대를 눈앞에 둔 셈입니다.

  과거에는 보통 60세에 정년을 맞고 75~80세 정도면 세상을 뜨는 게 일반적이었습니다. 앞으로 100세까지 산다면 추가된 20~30년 동안 무엇을 해야 할지, 생활은 어떻게 꾸려나갈지 막막한 느낌이 듭니다. 교수님께선 그동안 공공보건의료를 연구해오셨습니다. 이런 문제는 어떻게 돌파해야 할까요?

홍윤철 우리나라가 당면한 가장 큰 난제를 짚어주셨네요. 전체 인구

선전국이라고 올려다봤던 미국이나 유럽에서 의외로 확진자와 사망자가 많이 나왔습니다. 대한민국이 이른바 '추월의 시대'를 맞이한 게 아닌가 싶습니다. '우리가 배울 수 있는 나라는 많아도, 모방할 수 있는 나라는 없는 게 아닌가?' 하는 생각이 들었습니다.

에서 차지하는 노인 인구의 비중은 2020년 이후 매년 1%포인트씩 높아진다고 하니 이미 심각한 상황을 맞았다고 봐야 합니다. 이 추세로 간다면 2030년에는 25%에 이를 겁니다. 향후 10년 동안 베이비붐 세대의 은퇴로 전 세계에서 가장 빠른 속도로 노인 인구가 증가할 거예요. 더 큰 문제는 우리나라 노인의 80%가 고혈압, 당뇨, 심장질환, 폐질환 등 만성질환을 앓고 있다는 점입니다. 노인 인구가 늘어나는 동시에 만성질환자, 특히 여러 개의 질병이 있는 복합질환자가 급속히 늘어나게 됩니다.

그래서 건강한 수명을 늘리는 게 굉장히 중요합니다. 노인이 됐다 해서 그냥 돌봄의 대상이 되지 않고 사회에 기여하고 본인도 행복한 사회를 만들어야 되겠죠. 먼저 60세나 65세인 정년 나이를 좀 올려야 하지 않을까요? 적어도 사회활동에 참여할 기회를 75세까지 줘야 한다고 봅니다. 정년을 한꺼번에 늘리자고 하면 사회적으로 쉽게 수용하기 어려울 수밖에 없죠. 개인적으로는 5년에 1년 정도 늘린다면 50년 동안 총 10년 정도 늘릴 수 있지 않을까요?

또 하나는 75세까지 정년을 연장하되 건강하게 일할 여건을 만들어줘야 합니다. 이제는 치료 중심 의료에서 예방 중심 의료로 바뀌어야 합니다. 또한 각각의 질병을 치료하는 게 아니라 여러 질환을 앓는 환자 개인에게 맞춤형 돌봄을 제공하는 시스템으로 전환해야 합니다. 코로나19에서 더욱 부각됐지만 건강과 생명, 안전은 앞으로 우리 사회의 중심 가치가 돼야 합니다.

대학 무상교육으로 노인들도 새 출발

이광재   교수님께서 쓰신 책 《코로나 이후 생존 도시》를 보니까 정년을 75세로 늘리고 그때까지 일하려면 대학 교육 같은 2차 교육을 무료화해야 한다고 주장하셨습니다. 반대 의견도 많을 것 같습니다. 첫째, 젊은 세대도 대학 교육을 무상으로 받지 않습니다. 둘째, 독일, 프랑스 같은 나라에선 고교 졸업생의 40% 정도만 대학을 가니까 무상교육이 가능하지만 우리는 대학 진학률이 80%나 됩니다. 재원 조달이나 교육 효과 등을 생각하면 쉽지 않은 문제인데요. 교수님이 생각하는 대안이 무엇인지 궁금합니다.

홍윤철 우리나라 평균 기대수명이 현재 83세입니다. 머지않아 90세가 될 겁니다. 19세기 말 프로이센의 비스마르크가 수상이었을 때 평균수명은 50세 정도였죠. 그때 노인 기준이 65세였는데 그 사이에 세상이 얼마나 많이 바뀌었습니까?

65세를 넘어서도 다시 사회에 기여하려면 새로운 능력을 갖춰야 합니다. 보통 대학을 20대에 다니니까 40년간 교육 공백이 생기는데 그걸 회복하기란 쉽지 않죠. 그래서 60세쯤 대학에서 재교육을 받게 하되 등록금을 면제해주고 생활비를 지원해줄 필요가 있습니다. 그다음에 본인 선택에 따라 10~15년간 사회에 더 기여할 수 있게 해야죠.

물론 이렇게 되면 요즘 젊은 친구들이 하는 이야기로 세대 간에 불공정 이슈가 생깁니다. 그래서 저는 젊은 세대도 대학을 무료로 다니게 지원해야 한다고 생각합니다. 우리나라 경제 수준이 세계 10위권인데 그 정도는 해야 하지 않을까요?

4차 산업혁명 시대에 대학은 누구에게나 기본 교육이 돼야 합니다. 선택 받은 일부가 대학에 간다는 건 옛날이야기고요. 우리나라의 경제발전은 인재 교육에서 시작했기 때문에 앞으로도 여기에 집중해야 합니다. 그것을 발판 삼아 다시 발전해야 한다고 봅니다.

더욱이 저출생과 인구 감소 때문에 대학 신입생이 점점 줄고 있어서 조만간 우리 대학의 절반은 사라질 위기에 있습니다. 그 역시 또 다른 사회적 낭비를 초래할 요소가 되겠죠. 우리나라가 평생교육 시스템을 세계 최초로 만들면 대학의 폐교 위기도 막고 인생 2기 대학을 다니는 노인들에게 새 출발의 기회를 제공할 수 있을 겁니다.

이광재 만약 정년을 75세로 연장하면 노인복지 체계도 근본적으로 바뀌어야 합니다. 국민건강보험공단 김용익 이사장님은 아파트 단지를 '세대 복합형'으로 만들어야 한다고 주장합니다. 1~6동에는 자식·손주 세대가, 8~10동에는 조부모 세대가 살면 같은 단지 안에서 어르신 의료·돌봄 서비스나 어린이 육아·교육에도 도움이 될 거라는 이야기입니다.

홍윤철 동의합니다. 우리가 새로운 주거 환경을 만들 때 복합형으로 구성하고 젊은 사람과 어르신들이 함께 살면서 교류하면 이상적인 공동체가 형성됩니다. 사람들의 관계가 섞이도록 공동체를 만들어야 지속 가능한 사회를 만들 수 있습니다. 지금은 분리정책만 쓰려고 합니다. 노인들을 요양시설, 요양병원에 수용하는 전략으로는 우리 사회가 지속해나갈 수 없습니다.

현재 65세 이상 인구는 15%인데 10년 뒤에는 25%, 2050년에는 거의 40%가 됩니다. 그 가운데 얼마나 많은 비율을 요양원이나 요양병원에 수용해야 할까요? 인구의 반을 분리 수용하는 국가는 지구상에 존재할 수 없습니다.

현재 '커뮤니티 케어'라는 돌봄 프로그램을 우리 정부가 추진하고 있습니다. 그런데 복지 프로그램 중심으로 짜여 있어서 보건·의료와 관련된 내용이 너무 부족합니다. 지역사회 중심으로 보건과 복지, 교육과 사회 참여에 이르기까지 노인들의 필요와 욕구에 맞춰 지금보다 훨씬 더 통합적인 체계를 만들어야 합니다.

노인들도 지역사회에 돌봄 서비스를 제공할 수 있습니다. 노인끼리 혹은 세대 간에 돌봄을 주고받는 시스템, 그것이 미래형 노인복지가 아닐까요? 노인들이 지역사회로 들어가서 자기 역할을 해야 합니다. 노인복지를 돈으로만 해결하려 하다간 국가 재정이 감당할 수 없을 겁니다.

이광재 싱가포르에 가서 보니까 노인들이 스마트워치를 차고 거기서 시키는 운동을 그대로 따라 하면 30만 원가량을 주더군요. 매우 인상 깊었습니다. 그렇게 해서 건강하면 본인에게도 가족한테도 좋고, 국가적으로는 의료복지 지출을 떨어트리는 효과가 발생합니다. 우리도 그런 제도를 도입하면 국민 건강 증진에도 도움이 되고, 건강·의료 관련 데이터도 많이 확보할 수 있을 것 같습니다. <u>스마트워치를 차고 운동할 경우 건강보험료를 깎아주면 어떨까요?</u>

홍윤철 우리나라에도 건강포인트 적립 방식의 프로그램이 있습니다. 이런 프로그램의 문제는 지속성을 확보하기 힘들다는 점입니다. 운동을 많이 하라고 돈을 줬는데 제도가 바뀌어 인센티브를 안 주면 곧바로 잘 돌아가지 않습니다. 정상적인 의료 서비스나 체계에 이런 프로그램을 담아낼 수 있어야 합니다. 이른바 스마트 의료 체계를 확대하자는 거죠.

예를 들어 스마트워치에서 혈압, 맥박, 심전도, 혈당 등을 확인하는 기술은 이미 개발돼 있습니다. 이를 기반으로 병원에서 건강관리와 처방을 합니다. 병이 진행되기 전에 조기 발견으로 미리 대비하는 것이죠.

분산형 의료, 스마트 의료 체계 필요

이광재 우리나라 의료산업의 특징이 서울과 수도권에는 큰 대형병원이 여럿 있지만, 조금만 작은 도시에 가면 그렇지 못하다는 점입니다. 일본의 사례를 보면 나이 드신 분들이 은퇴 후 지방으로 갔다가 다시 도쿄로 돌아오는 이유가 대부분 의료 문제 때문이라고 합니다. 교수님께서 쓰신 책을 보니까 탈脫 중심 분산형 의료 시스템에 관해 많이 소개해놓으셨더라고요. 아까 지역사회 중심 의료를 말씀했는데 구체적인 실천 방안이 궁금합니다.

홍윤철 우리나라 의료의 고질적이고 심각한 문제는 서울에 있는 대형·상급·종합병원에 의료자원과 환자가 집중돼 있다는 점이죠. 지방에는 의사, 간호사, 병원 시설, 장비가 부족하니 지방 환자들이 서울에서 치료 받으려 합니다.

분산형 개념의 반대는 위계질서형 또는 집중형 개념입니다. 일반 사람한테 '어디서 진료를 받고 싶으냐'고 물어보면 80%가 빅5 병원이라 대답합니다. 빅5 병원은 모두 서울에 있죠. 분산형 의료의 취지는 서울 및 대형병원에 집중된 의료를 지방으로 분산하고 분권화시키자는 것입니다.

여기에는 조건이 있습니다. 우리가 아무리 지방으로 분산하려 해도 지방의 의료 수준이 낮으면 해결할 수가 없어요. 지방 도시, 특히 지역사회 커뮤니티의 의료 수준을 높이는 게 굉장히 중요합니다. 그것도 그냥 높이는 정도가 아니라 대학병원 수준과 동일하게 해야죠. 그래야 환자들이 힘들게 서울에 와서 오랫동안 기다렸다가 5분 남짓 진료 받는 현실이 사라질 겁니다.

코로나19 같은 감염병이 또 다시 발생할 경우에 대비해 지방에서도 환자를 제대로 돌볼 수 있는 시스템을 갖춰야 합니다. 감염병뿐만 아니라 응급 질환, 예컨대 심뇌혈관 질환을 앓고 있는 환자의 경우도 제때 적절한 치료를 할 수 있도록 의료인, 시설, 장비를 효과적으로 배분할 수 있는 분산 체계를 갖춰 놓아야 합니다.

이광재   경제학자이자 문명비평가인 제레미 리프킨은 통신·에너지·교통에서 혁명적 변화가 일어나야 하고, 사회체계 전체가 중앙집중식에서 분산형으로 바뀌어야 한다고 주장한 바 있습니다. 이것을 의료 분야에 적용해보면 중·소도시나 시골에도 서울 못지않은 의료 수준을 갖춰야 한다는 얘기가 되겠네요. 이를 위해선 원격 의료가 필요하지 않을까요?

교수님께서는 원격 의료를 시행하더라도 결국 '스마트 의료'를 해야 한다고 주장해오셨습니다. 이 두 가지의 차이는 무엇입니까? 병원 진료를 받다 보면 짜증 나는 일이 적지 않습니다. 혈액 검사를 한다며 이 병원에서 피를 뽑고 저 병원에서도 피를 뽑기 일쑤입니다. 어쩔 때는 똑같은 엑스레이를 또 찍기도 하고요. 환자들의 검사·진료 결과를 여러 병원이 공유해 쓸 수 있는 시스템을 만들 수 없을까요?

홍윤철 　원격 의료란 어느 지방의 환자가 서울 빅5 병원에 가기에는 거리가 머니까 원격으로 빅5의 좋은 의사한테 치료를 받게 해달라는 개념입니다. 제가 주장하는 스마트 의료는 그런 방식이 아닙니다. 지방의 의료 수준을 높여서 스마트워치 같은 첨단 방식으로 건강 모니터링을 하다가 문제를 발견하면 그 지역 병원에서 치료 받게 하자는 것입니다. 기술적으로는 비슷하다고 볼 수 있지만, 지금처럼 빅5나 서울의 대형병원을 집중형으로 이용할 것이냐, 아니면 지역 의료 수준을 높여서 분산형으로 갈 것이냐의 차이입니다. 저는 의료 서비스의 분권화·분산화가 제대로 정착돼야 지속 가능한 의료 체계를 만들 수 있다고 생각합니다.

　　의원님이 말한 의료 정보의 공유 시스템도 분산형 의료의 개념 일부에 해당합니다. 분산형 의료에는 스마트화하는 기반 기술이 상당히 많이 필요합니다. 어느 병원에서 검사·진료를 받든지 그 결과를 다른 병원에서 공유할 수 있다면 치료를 매우 효율적으로 할 수 있겠죠. 의료의 질적 수준 차이가 생기는 것도 막을 수 있습니다. 이것 또한 분산형 의료의 기본이 되는 것이죠. 분산형 의료를 효율적으로 운용하려면 많은 부분을 스마트화해야 합니다. 스마트화하다 보면 건강 모니터

링, AI, 클라우드, 정보 보안 등 새로운 기술과 산업의 발전을
기대할 수 있습니다.

이광재 이런 방법도 있을 것 같습니다. 우리 집에 설치한 거울을 통해
얼굴 색깔을 보고 병의 유무를 판단한다든지, 화장실 변기를
이용해 건강 정보를 측정한다든지, 침대나 운동기구 등에서
생체 정보를 분석한다든지 하는 방식입니다. 한마디로 SF영
화가 현실화되는 것이죠. 데이터를 의사한테 보내주고 의사
는 그 자료로 환자를 진단할 수 있다면 백세 시대의 건강관리
가 훨씬 쉬워지지 않을까요?

홍윤철 화장실 변기만 해도 굉장히 많은 의료 데이터를 담고 있습니
다. 매일매일 검사할 수 있다면 건강 진단에 큰 도움이 될 수
있죠. 스마트거울도 마찬가지입니다. 진료실에 가면 의사가
제일 처음 하는 게 환자 얼굴 보는 겁니다. 의사가 안색만 보
고도 이 환자가 왜 왔는지 대개 알 수 있습니다. 그 과정을 AI

가 들어 있는 스마트거울이 판단해주는 셈이죠. 더 나아가 최신 기술을 적용한다면 눈 안의 망막 속 혈관을 살펴볼 수도 있는데요. 그 혈관을 매일 모니터링할 수 있으면 많은 정보를 얻을 수 있습니다. 당뇨병, 동맥경화 같은 병도 파악할 수 있고요. 그런 기술들을 많이 갖추면 집 자체가 준準의료 시설이 되는 겁니다. 굳이 병원에 가지 않고도 상당히 많은 의료 정보를 얻고 그 지역의 의료 서비스 수준을 높일 수 있습니다.

이광재 시스템이 잘 갖춰져 있다면 동네에 있는 병원 의사 선생님 하고도 소통이 잘될 수 있겠네요. 치료 받기도 훨씬 더 수월해지고요. 자기 집이나 동네에서 금방 건강 검진도 받고 진단·치료도 할 수 있을 것 같습니다.

홍윤철 1년에 한 번 하는 건강 검진보다 훨씬 더 효과가 좋을 겁니다. 집과 마을, 지역사회가 하나의 의료 체계 단위로 움직이면서 굉장히 수준 높은 의료 서비스를 제공하는 커뮤니티가 되는 것이죠. 거기서 만나는 의사는 나를 평생 돌봐주는 주치의 같은 존재가 되니까 지금과는 차원이 다른 의료 서비스를 받게 되리라 봅니다.

스마트 의료가 지역사회 및 1차 의료기관과 긴밀히 연계되고 더 큰 2차, 3차 의료기관으로 확장하면 그 자체가 스마트 건강도시로 발전해나갈 수 있습니다. 그런데 스마트 의료 체계를 갖추기 위해선 건강 모니터링 기술, 데이터의 전달·활용을 촉진하는 의료 플랫폼, 자료의 처리와 판단을 지원하는

AI 기능, 이런 서비스를 뒷받침할 의료수가와 보상 체계가 두루 마련돼야 합니다.

덴마크 휘게 모델, 행복지수 무척 높아

이광재 교수님이 쓴 책을 보면 "앞으로 인류의 최대 질병이 암이 아니고 우울증이 될 것"이라는 내용이 있습니다. 요즘 서울, 특히 강남에 가보면 마음치료연구소나 명상센터가 많아졌습니다. 인터넷 포털이나 미디어에서도 명상 열풍을 언급하고 있고요. 1인당 국민소득이 3만 달러를 넘어섰는데 왜 이런 현상이 벌어지는 걸까요?

홍윤철 제 생각이라기보다는 데이터가 말해주는 게 그렇습니다. 우리나라에선 2015년 이후 연령별로 암 발생도 줄어들고 암 치료율도 향상되고 있습니다. 반면에 우울증 환자는 급증하는 추세입니다. 코로나19 이후 마스크를 쓰니까 대부분의 질환, 특히 소아과나 이비인후과는 환자가 절반 이상 급감했죠. 그런데 유독 환자가 늘어난 게 정신과입니다. 우울증 때문이죠.

우울증의 원인은 무엇일까요? 우리 사회가 경쟁사회 때문이기도 하지만, 또 하나는 돌봄이 줄어들었기 때문입니다. 전에는 집에서 대화를 나누거나 돌봄을 많이 받았습니다. 그런데 요새 저녁을 같이 먹는 가족이 얼마나 될까요?

산업화 세력과 민주화 세력 간의 알력과 반목으로 사회가 혼란을 겪고 있습니다. 지금은 목표를 상실한 상태라고 말할 수 있죠. 더욱이 우리 사회의 주역이 될 젊은이들은 공정 이슈에 불만을 제기하고 있습니다. 결국 가정이나 개인보다 사회 차원에서 더 다양한 대책을 마련해야 하지 않을까요?

이광재   우울증도 우울증이지만 늙어서 치매에 걸리는 것이 많은 사람이 공포로 느끼는 일인데요. 치매에 안 걸리려면 의학적으로 규명된 가장 좋은 방법은 무엇인가요?

홍윤철   치매 약제가 굉장히 많이 개발됐습니다. 제가 아는 치매 관련 임상시험만 해도 250개가 넘어요. 하지만 모두 실패했고 아직 효과적인 약도 없는 걸로 알고 있습니다. 물론 앞으로 좋은 약이 만들어지기를 기대해야겠죠.

현재까지 치매에 관해서 유일하게 밝혀진 효과적인 방법이 하나 있긴 합니다. 달리기인데요. 젊은 사람처럼 막 달리지는 않더라도 빠르게 걷는다던지 꾸준히 걷는 것이 굉장히 중요합니다. 이유가 있습니다. 문명 시대 이전에 우리가 동물을 사냥하려면 걷거나 뛰거나 쫓아가면서 동시에 사람 간의 관계나 전략을 생각해야 했어요. 걷는 것과 운동은 뇌 활동하고 매우 밀접한 관련이 있습니다. 실제로 뭔가 생각이 안 날 때 밖에 나가서 시원한 바람 쐬면서 걸으면 생각이 나는 경우가 많지 않습니까? 자극이 뇌로 가기 때문에 그렇습니다. 걷는 활동, 신체활동이 굉장히 중요하다는 의미죠.

유일하게 검증된 활동이기에 걷는 사회를 만들어야 하는데 그렇다고 해서 노인들한테 "운동하세요" "러닝머신에서 뛰어야 건강해져요"라고 말할 수 없죠. 사회 전반적으로 신체 활동을 자연스럽게 유도하면서 안전하게 넘어지지 않도록 만들어야 합니다. 아파트 단지를 조성할 때도 그런 점을 고려해서 만들어야 하고요.

이광재 인생은 탄생에서 죽음까지 가는 긴 여행입니다. 요즘 많은 사람이 치매에 걸리지 않고 건강하게 사는 것도 중요하게 생각하지만, 웰 다잉(Well-Dying·살아온 날을 아름답게 정리하는 삶의 마무리)도 많이 고민합니다. 의사 입장에서 죽음에 대해 어떻게 생각하나요?

홍윤철 사람들은 죽음을 비극적이거나 충격적으로 바라봅니다. 죽음은 생로병사라는 하나의 삶의 과정으로 바라봐야 합니다. 지금까지는 죽음을 개인의 책임이나 집안의 책임으로 간주했습니다. 죽음도 돌봄 프로그램 속에 넣어서 국가와 사회가 죽음의 과정도 책임지고, 삶의 마무리를 존엄을 갖고 정리할 수 있게끔 해줘야 한다고 봅니다. 삶의 마지막은 또 다른 시작일 수도 있으니까요. 적어도 문명 도시라면 탄생에서 죽음까지 돌보는 공동체가 형성돼야 하지 않을까요?

이광재 교수님께서는 코로나19 이후에 새로운 신문명 도시, 스마트 건강도시가 나올 거라고 말씀했습니다. 과거 농경사회에는 농촌이라는 공동체가 있었고, 18세기 산업혁명을 지나면서 대량생산, 대량소비가 있는 대도시가 생겼습니다. 스마트 건강도시는 일·교육·주거·의료가 패키지로 존재하는 중·소도시 플랫폼인가요?

홍윤철 코로나19에 타격을 가장 많이 받은 도시를 보면 미국 뉴욕이나 프랑스 파리, 독일 베를린, 영국 런던, 일본 도쿄 같은 거대 도시들입니다. 우리나라에서도 서울이 그랬고요. 거대 도시들의 의료 수준이 낮아서 그랬느냐, 아닙니다. 사람들이 더 많이 모일수록, 더 많이 교류할수록, 도시화가 높은 수준일수록 위험성이 커질 수밖에 없어요. 그런 점에서 코로나19는 문명 변화의 분기점이라 생각합니다.

앞으로 미래 도시는 주거·교육·의료가 수준 높게 갖춰지고, 재택근무를 할 수 있는 중·소도시 형태가 되리라 생각합니다. 건강이 도시의 중심가치가 되는 스마트 건강도시인 거죠. 도시를 계획할 때 자족적인 중·소도시를 목표로 교통·에너지·대기오염·수변·녹지·건물의 공간 배치 등을 신경 써야 합니다.

우리가 느끼는 행복의 구성 요소에서 가장 중요한 것은 사람 간의 친밀감, 교류, 돌봄, 안전 등이거든요. 이런 것들이 깨지면 아무리 기술적으로 발전해도 행복할 수 없습니다. 우울증이 늘어나는 이유도 그런 요소들이 깨졌기 때문이죠. 결국 사람 중심의 사회, 활력 있고 생동감 넘치는 사회를 만들기 위해서 고민해야 합니다.

사람들은 보통 자신이 아는 사람과 관계를 맺을 때 스스로 안전하다고 느낍니다. 그 범위는 5,000명에서 1만 명을 넘어가기가 쉽지 않습니다. 현대 사회에서는 교통·통신의 발달과 인터넷 등의 영향으로 가능한 인구 규모가 대략 3만~5만 명까지 될 수 있지 않을까요?

이광재 고대 그리스의 플라톤 같은 경우에는 중·소도시를 5,300명 정도로 봤다고 합니다. 우리나라도 예전에는 국토균형발전이라는 도식적인 전략을 추구했지만, 교수님 말씀대로 이제는 3만~5만 명 정도 되는 중·소도시들이 마치 포도알처럼 많이 생겨나면 좋겠네요. 그런 도시가 생기면 우리 삶도 훨씬 행복해지겠죠. 시범 도시를 잘 만들어서 모듈화하면 전국적으로 확산하는 데 큰 도움이 될 거 같습니다.

홍윤철 코로나19으로 지금까지 발전 전략이나 사회 구조가 한계에 도달했음을 드러냈습니다. 이제부터는 성장 위주 전략, 중앙 집중식, 탄소 의존형 전략에서 벗어나야 합니다. 신문명 도시는 안전과 복지, 건강과 의료를 바탕으로 새롭게 건설돼야 합니다.

우리나라 사람들은 좋은 걸 굉장히 빨리 받아들이는 학습 능력이 있습니다. 스마트 건강도시의 모범 사례를 두세 개 멋지게 만들어내면 확산 단계는 아주 쉬울 거예요. 도시마다 특색이 생기겠죠. 도시가 작아지고 주민들의 참여 민주주의 수준도 높아져서 도시의 발전과 특성화를 이끌 것입니다.

국가에서 스마트 기술로 교육, 의료 같은 생활 인프라를 깔아주면 사람들끼리 교류가 친밀하게 이루어지고 서로 존중받고 행복한 도시를 만들 수 있을 겁니다. 그런 도시들이 우리나라에 100개, 150개 있다면 얼마나 멋질까요? 우리에게는 기반 기술도 있고, 스마트 관련 기술도 앞서갈 수 있습니다. 코로나19 같은 감염병과 초고령화 추세에 대응하기 위해 스마트 건강도시를 만드는 것이 새로운 국가 비전이 돼야 합니다.

이광재 교수님께서 제시한 스마트 건강도시에 관련해 우리가 모델로 삼아야 할 사례가 있을까요? 북유럽의 행복 모델을 어떻게 생각하시는지요?

홍윤철 덴마크의 휘게Hygge를 추천하고 싶습니다. 휘게는 편안함, 따뜻함, 아늑함, 안락함을 뜻하는 명사입니다. 작은 공동체에서 서로 돌봄의 고리를 만들고 있는 특징이 있습니다. 노인들이 고립되거나 소외되거나 요양소에 보내지는 게 아니라 공동체 안에 노인 생활 시설을 설치합니다. 노인들끼리 교류하는 동시에 마을 사람들과 교류할 수 있도록 만들었습니다. 노인들을 따로 수용하지 않고 모두 함께, 전체가 더불어 사는 것이죠. 휘게에 사는 사람들은 실제로 행복지수가 굉장히 높다고 합니다.

이광재　인간이 외롭지 않은 사회, 상대가 있어서 행복하고 나 때문에 상대가 행복한 세상, 덴마크 휘게 같은 공동체 사회가 한국에서 활짝 꽃피웠으면 좋겠습니다. 대한민국은 세계 역사에서 문명의 선두에 서본 적이 없습니다. 코로나19와 기후 위기를 계기로 문명사의 전환을 주도하는 나라가 됐으면 좋겠습니다. 오랜 시간 좋은 말씀을 해주셔서 고맙습니다.

수명 100세 시대, 주거, 교육, 의료가 갖춰진
스마트 건강도시가 필요하다

백세 시대에는 건강하게 사는 것이 본인이나 가족, 국가 모두에게
중요한 일이다. 이번 대담을 통해 재교육에 대해 많은 생각을 하게
됐다. "요람에서 무덤까지"라는 사회보장과 사회 적응 및 생존 권
리를 위한 평생 교육이 필요하다. 각 지역의 대학을 이용한 평생교
육으로 지역 사회와 대학의 상생을 이끌어낼 수 있고, 각 지자체나
기관에서 하는 교육과 강좌도 사회 맞춤형으로 변화가 필요하다.

하나, 인공지능(AI)을 이용한 백신 개발 시스템을 구축하자.
AI를 활용해서 임상시험에 들어가는 시간과 돈을 대폭 감소하고
도 코로나19 백신을 만들어낸 모더나의 사례를 인용해 앞으로 우
리가 새로운 백신을 개발할 때, 이와 같이 신기술을 활용해서 획기
적인 성과를 내기를 기대한다. 아울러 백신을 만든 나라들이 모두
선진국임을 기억하자. 우리도 빨리 백신을 개발해 선진국 반열에

오를 수 있기를 바란다.

둘, 스마트 의료 체계를 통해 건강한 백세 시대를 열자.

싱가포르의 사례를 들어 스마트기기를 차고 일정량의 운동을 하게 하는 프로모션 제도를 활성화하자고 의견을 제시했다. 특히 이런 제도가 의료 서비스 또는 체계에 포함될 수 있도록 스마트 의료 체계를 확대하고 질병을 조기에 발견해서 예방하는 프로세스를 구축하자는 홍윤철 교수의 의견과 뜻을 같이했다.

셋, 스마트 건강도시와 분산형 의료 체계를 확립하자.

홍윤철 교수가 제안한 스마트 건강도시 건설을 긍정적으로 검토해볼 필요가 있다. 인구 3만~5만 명 정도 규모에 지역사회 커뮤니티의 의료 수준을 높인 스마트 건강도시를 100~150개까지 만들고, 의료서비스의 분권화·분산화로 모든 지역에서 동일한 수준의 의료 서비스를 받을 수 있도록 하자고 제안했다. 또한 이를 위해 의료 기술의 스마트화가 선결돼야 한다고 말했다.

Part IV

첫째, 둘째, 셋째도
교육 그리고 환경

7장

디지털 혁신으로
교육혁명을

대담자: 이광재 · 벤 넬슨 · 김유열

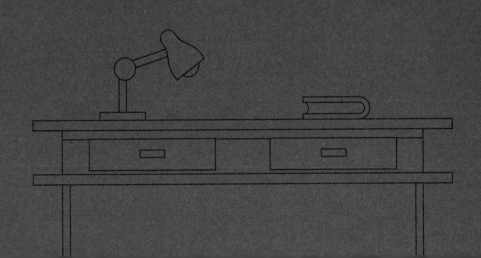

벤 넬슨
CEO 미네르바 스쿨

1975년생으로 미국 펜실베이니아대학 와튼스쿨을 졸업했다. 미네르바 스쿨을 설립하기에 앞서 온라인 사진 공유 및 인쇄 서비스를 제공하는 스타트업 '스냅피쉬'에서 10여 년간 일했으며 2005~2010년 이 회사의 CEO^{최고경영자}를 맡았다. 2011년 세계 최초의 온라인 혁신 대학인 미네르바 스쿨을 설립해 2014년부터 신입생을 받았다. 미네르바 스쿨의 설립자이면서 미네르바 프로젝트 이사회 의장을 맡고 있다.

김유열
EBS 부사장

1988년에 서울대학교 동양사학과를 졸업한 뒤 서강대학교에서 언론학 석사를 취득했다. 신문기자로 사회생활을 시작했지만 1992년 8월 EBS 프로듀서로 입사해 '다큐프라임' '세계테마기행' '한국기행' 등 주요 프로그램들을 기획했다. EBS에서 편성기획부장, 지식정보부장, 정책기획부장을 거쳐 2015년부터 2년 9개월간 학교교육본부장을 맡아 수능 및 고교 교재, 동영상 콘텐츠 제작 책임을 맡았다. 2019년부터 EBS 부사장으로 일한다.

대한민국에서 교육 문제는 부동산, 일자리, 인구 감소, 양극화 같은 모든 난제와 직간접으로 얽혀 있다. 한국 교육은 '한강의 기적'을 낳는 원동력이었지만, 이젠 시대 흐름에 뒤떨어진 유물이란 비판까지 듣는다. 그래서 한국의 긴급하고도 중요한 첫 번째 과제는 교육개혁이 아닐 수 없다.

나는 평소에 교육개혁과 디지털 혁신을 바탕으로 한 지식정보사회를 주창해왔다. 그러던 차에 미래 대담을 통해 미네르바 스쿨Minerva School 을 설립한 벤 넬슨 CEO와 함께 30년 가까이 동영상 교육 콘텐츠를 제작해온 김유열 EBS 부사장을 만났다.

미네르바 스쿨은 우리가 알고 있는 대학 교육의 상식과 경험을 뛰어넘는 교육을 한다. 그래서인지 각국에서 제도와 규제를 벗어난 대학 혁신 모델로 각광 받고 있다. 2012년 미국에서 설립됐으며 별도의 강의실과 캠퍼스가 없다. 학생들은 교육과정 4년 동안 7개국을 순회하며 자체 개발한 플랫폼 '포럼'을 통해 100% 온라인 수업을 진행한다. 수업은 매번 쪽지시험으로 시작되며 90분 동안 실시간 문제 풀이, 그룹 토론, 보고서 작성 등을 한다. 학생 각자의 참여도를 실시간으로 알려주고 수업이 끝날 때마다 점수와 피드백을 준다. 학생들이 최대한 능동적으로 참여하도록 하는 액티브 러닝 포럼Active Learning Forum이다.

기존 대학의 학점제도와 중간·기말고사가 없는 대신, 발표·과제·프로젝트 등을 종합 심사해 학생들을 평가한다. 교수들 역시 학생들의 학업 성취도에 얼마나 기여했느냐에 따라 평가를 받는다. 또한 기업 인턴십, 프로젝트 같은 현장실습 교육을 병행한다. 학비는 수업료와 기숙사비를 합쳐 연간 2만 6,000달러(약 2,900만 원)이고 장학금도 많다.

벤 넬슨 CEO는 이날 대담에서 미네르바 스쿨의 액티브 러닝 포럼과 전이학습Transfer Learning 방식에 대해 설명했다. 그러면서 "한국에서도 4~5개 고등학교가 미네르바 스쿨의 교과 과정을 2021년 9월부터 시작할 예정"이라고 밝혔다. 또한 1~2년 안에 10여 곳으로 확대할 수 있기를 희망했다.

미네르바 스쿨의 성공 비결 세 가지

이광재 의원(이하 이광재)　　두 분 모두 시간을 내주셔서 고맙습니다. 한
　　　　　　　　　국의 대학 입시 교육과 관련해 학생·부모·교사가 모두 지쳐
　　　　　　　　　있습니다. 과거 어느 때보다 낡은 교육의 틀을 깨야 한다는 요
　　　　　　　　　구가 거셉니다. 학생들은 대학에 들어가서도 취업 스펙 쌓기
　　　　　　　　　에 몰두합니다. 그럼에도 기업 쪽에선 대졸 신입사원에게 문
　　　　　　　　　제 해결 능력이 부족하다고 말합니다. 먼저 미네르바 스쿨의
　　　　　　　　　설립자인 벤 넬슨 CEO에게 질문을 드리겠습니다. 미네르바

스쿨은 설립한 지 10년도 안 되는 짧은 시간에 정말 큰 성공을 거뒀습니다. 비결은 무엇인가요?

벤 넬슨 CEO(이하 벤 넬슨) 미네르바 스쿨의 성공에는 세 가지 중요한 요인이 있었습니다. 첫 번째는 명확한 핵심 목표가 있다는 거죠. 저희는 학생들로부터 끌어낼 수 있는 역량에 집중했고, 그들이 졸업 후에 어떤 능력을 보유할지에 초점을 맞췄습니다. 이러한 비전 앞에서 결코 타협하지 않았죠.

두 번째는 핵심 목표를 달성하기 위해 다른 사람들을 모방하지 않았습니다. 인간의 뇌가 어떻게 발달되는지 분석하고, 최첨단의 연구 결과들을 바탕으로 새로운 교육 프로그램을 설계했습니다. 독특한 수업 방식이나 인턴 경험 기회, 국제적인 활동 프로그램 등이죠. 미네르바 스쿨의 모든 교과 과정은 의도된 결과물입니다. 최고의 전문가들이 머리를 맞대고 치밀하게 설계한 것이죠.

세 번째는 미네르바 스쿨이 미국 학사 학위를 주는 미국 대학이지만, 학생의 80%가 미국 국적자가 아니라는 점입니다. 국적을 따지지 않고 세계 최고의 인재들을 유치한 덕분에 최고의 능력과 교육이 만나 전례 없는 성과를 도출했습니다. 이러한 조합이 저희를 성공으로 이끌었다고 생각합니다.

이광재 넬슨 CEO가 말한 것을 요약하면, 커리큘럼과 학생 선발 방식에서 남다른 측면이 있는 것 같습니다. 미네르바 스쿨에서 또하나 특이점은 액티브 러닝 포럼입니다. 교수의 강의를 듣는 전통 교육 방식과 달리 모든 학습 과정에 학생들이 능동적으

한국은 전 세계에서 국민의 지능지수IQ가 높은 나라 중 하나입니다. EBS와 같은 디지털 교육 플랫폼을 통해 국내외 최고 석학들의 강의를 무한정 공급받고, 서로 건전하게 토론할 수 있는 플랫폼을 만든다면 명실상부한 지식정보 강국이 될 것 같습니다.

로 참여한다고 하더군요. 누가 어떤 과정을 거쳐 이런 교육 방법을 개발했는지 궁금합니다.

벤 넬슨 저희는 교육과정을 개발할 때 몇 가지 필수 원칙을 지켜야 한다는 걸 깨달았습니다. 첫 번째로 한 명의 교수가 다수 학생에게 전달하는 방식으론 안 된다는 점입니다. 교수는 학생들과 함께 참여하는 수업의 일부분이어야 합니다. 학생들은 교수에게 배우지만, 그렇게 배운 내용을 다른 교수와 수업 내용이나 함께 일하는 파트너, 혹은 다른 문화에도 적용할 수 있어야 합니다. 이런 관점이야말로 전통 교육 방식과 가장 큰 차이점입니다.

이런 과정을 실천하려면 하나의 강의실에 모이는 수업으로는 불가능합니다. 교수와 학생들이 있는 물리적인 공간, 즉 강의실의 문을 닫으면 그 안에서 학생들이 무엇을 얼마나 배웠는지, 무엇을 배우지 못했는지 알 길이 없습니다. 그렇기에 미네르바 스쿨의 교육 방식에는 모든 학습자에 관한 데이터가 필요하고, 그에 따라 학생들에게 피드백과 평가 결과를 제공하도록 디지털 환경이 갖춰져야 합니다. 또한 하나의 경험에서 다른 경험으로, 하나의 수업에서 다른 수업으로 연속성을 유지하려면 최적의 맞춤 환경이 필요하고요. 그래서 액티브 러닝 포럼을 만들었습니다. 이것은 디지털 환경에서 학생들이 능동적으로 학습할 수 있도록 도와줍니다.

액티브 러닝과 전이 학습 능력을 익혀라

이광재 온·오프 교육 방식을 혼합해 문제 해결 능력이나 비판적 사고 능력을 키워주는 것으로 보이는데요. 이런 이론을 기반으로 학습 프로그램을 만들려면 다양한 설계가 필요했으리라 봅니다.

벤 넬슨 두 가지 연구를 토대로 미네르바 스쿨을 구축했습니다. 하나는 잘 알려진 액티브 러닝에 관한 연구입니다. 이는 교수법과 관련된 방법론으로 학생들이 지식을 어떻게 흡수하고 유지·확장하느냐에 관한 연구라고 할 수 있죠. 이에 관해서 40년 동안 연구를 진행했고 참고 문헌도 많습니다. 미네르바 스쿨에선 이것들을 새롭고 혁신적인 방식으로 적용하려 노력했습니다.

두 번째 연구 항목은 훨씬 더 중요한 영역입니다. 이는 심리학자들이 이른바 원거리 전이Far Transfer라고 말하는 부분입니다. 쉽게 설명하면 어느 한 상황에서 배운 어떤 지식을 다른 상황에도 적용할 수 있도록 하는 방식입니다. 이에 관해 이 분야 최고의 과학자들조차 전이 학습 능력을 가르칠 수 없다고 했고, 많은 대학과 교육기관이 이에 대한 교육을 포기했지만, 저희는 이런 능력을 갖추고 있는 '현명한 자'들에게 주목했습니다. 그들은 연륜이 있고, 인생 여정에서 여러 문제를 다양한 맥락에서 겪으면서 지혜, 즉 전이 학습 능력을 얻은 사람들이었습니다. 미네르바가 한 일은 특정 지식이 어떻게 생겼고, 하나의 지혜가 어떻게 만들어졌는지 살펴본 것입니다. 그리고 그들의 경험과 지혜를 토대로 시스템을 만들어 공식적인 교육 환경에 편입시켰습니다.

추가적으로 경험적인 현장학습 기회를 제공했습니다. 예를 들어 특정 문화나 지역사회의 일원으로 함께 활동하는 것, 업무 환경을 경험하는 것 등입니다. 이런 방식이 효과적이었죠. 액티브 러닝에 관해서는 잘 알려진 이론이 많았지만, 전이 학습에 관해서는 별로 없었습니다. 미네르바 스쿨은 이 부분에서 혁신의 가능성을 실현한 것입니다.

김유열 EBS 부사장(이하 김유열)　　이번에는 제가 질문을 좀 드려볼까요. 현재 미네르바 스쿨은 연간 200명 정도를 선발해 교육하고 있는데요. 역설적이게도 요즘 같은 디지털 환경 속에서 너무 극소수 엘리트만 수용하는 것 같습니다. 최첨단 디지털 기

술을 제대로 사용하면 일반 대학보다 훨씬 더 많은 인재에게 액티브 러닝 포럼으로 전이 학습을 해줄 수 있을 텐데 왜 굳이 제한된 인원만 선발하는지 궁금합니다.

벤 넬슨　굉장히 중요한 질문을 해주셨습니다. 저희의 목표는 기존 대학을 문 닫게 하는 게 아니라 그들을 구해주는 것입니다. 제가 '아, 기존 대학들은 어떻게 교육해야 할지 모르니까 내가 대신해야 되겠다'라고 생각한다면 너무나 큰 손실을 초래할 것입니다. 관련 연구도 더는 진행하지 않을 것이고, 커뮤니티 간의 연결과 취업 가능성, 민간 기업들과의 관계, 사회 이동 가능성, 대학 간의 교류 가능성 등을 모두 잃게 됩니다. 그러니까 기존 대학의 시스템을 깨트리려는 게 아니라 개혁을 하고 싶은 것입니다. 그 방법은 바로 '솔선수범'입니다. 세계 최고의 대학을 만들고 새로운 교육의 기준을 만드는 것입니다. 그래서 기존 대학들이 따라올 수 있도록 만드는 것이죠.

김유열   미네르바 스쿨의 학생들이 전 세계 7개 나라(미국, 한국, 인도, 아르헨티나, 독일, 영국, 대만)의 도시를 순회하면서 현장 교육을 받고 있습니다. 서울도 그중 하나입니다. 한국을 선택한 이유가 있을 것 같습니다.

벤 넬슨   저희는 미국 샌프란시스코를 제외한 모든 도시를 쌍뿅으로 선택했고, 한국과 인도가 하나의 쌍입니다. 두 나라의 공통점이 무엇이기에 한 쌍이 되었을까요? 우리 모두는 한국의 경제발전 기적에 대해 알고 있습니다. 제2차 세계대전 이후 1인당 국내총생산GDP 기준으로 세계 최빈국이었지만, 이제는 아주 부유한 국가가 됐죠. 인도 역시 그동안 굉장한 경제발전을 이뤄냈습니다.

그리고 양국 모두 실존하는 위협을 갖고 있습니다. 인도의 경우에는 파키스탄으로부터 위협받고 있고요. 그에 따른 철학과 사상, 접근법들이 충돌합니다. 한국은 북한 이슈가 있습니다. 그런데도 한강의 기적을 이뤄냈고, 1인당 GDP나 전체 GDP가 인도보다 높습니다. 인구 격차가 굉장히 큰데 말이죠. 물론 현재는 인도도 부상하고 있습니다.

두 나라는 인류의 미래를 위해 굉장히 좋은 두 개의 모델을 제시한다고 생각합니다. 또 한국은 여러 분야에 걸쳐 영향력을 펼치고 있습니다. 경제발전 모델과 함께 한국의 문화를 전 세계로 수출하고 있죠. K-팝뿐만 아니라 고 백남준 작가 같은 훌륭한 예술가들이 세계적인 트렌드세터(Trend Setter· 각종 유행을 창조, 대중화하는 사람 혹은 기업)가 되어서 많은 영향을 췄습니다.

　기술 분야의 수출도 마찬가지입니다. 비즈니스, IT, 경제학, 사회운동 등에서 한국은 중요한 역할을 하고 있습니다. 미네르바 스쿨 학생들이 이런 환경을 접촉하는 게 중요합니다. 지금은 코로나19 상황이지만, 저희는 방문 시기를 2021년 가을 학기에서 2022년 봄 학기로 바꿔서라도 한국을 경험하게 할 계획입니다.

디지털 기술로 아날로그 행태를 반복하지 말아야

이광재　아날로그 시대였던 20세기에는 대학의 역할이 대단히 중요했습니다. 하지만 21세기 들어서는 이른바 '디지털 전환기'를 맞아 비판 받고 있습니다. 이런 시기에 기존 대학들은 어떻게 변화해야 할까요? 교육 당국의 문제가 가장 크겠지만, 온라인 강의 확대와 관련해 대학 내부의 이해관계 충돌, 교수·학생들의 거부감 같은 변수도 만만치 않습니다.

벤 닐슨　저는 대학교와 같은 고등교육기관이 우리 사회에서 중요한 역할을 하고 있고 충분한 능력이 있다고 생각합니다. 하지만 대학을 관리하고 통제하는 교육 당국으로선 대학의 정체성을 지금처럼 계속 유지할 것인지 고민해야 합니다. 미네르바 스쿨 모델은 전 세계 대학들이 현재에 안주해서는 안 된다는 것을 분명하게 보여줬습니다.

　　교육 당국이든 정부 규제 당국이든 앞으로는 학생들에게
전이 학습 능력을 가르쳐야 합니다. (4차 산업혁명 시대에) 대
학이 현실과 연계성을 유지하고 아날로그 시대에 했던 것처
럼 계속 중요한 역할을 해나가고 싶다면 지혜를 체계적으로
가르치는 방식을 받아들여야 합니다. 학문 중심의 협소한 교
육만으로는 부족합니다. 특정 과목을 가르치는 데만 치중해
서는 안 됩니다. 어느 나라 교육 당국이든 대학은 지혜를 가르
치는 것을 중요한 목표로 삼아야 합니다. 사고의 전환이 대학
의 미래를 결정할 것입니다.

김유열　기존 대학의 경우 강의실에도, 학문 영역에도 장벽이 있다는
　　　　얘기인데요. 디지털 교육 방식은 기술적으로 공간과 영역의
　　　　경계를 넘나들 수 있는 환경인데 어떤 방식으로 교육하면 학
　　　　생들이 효과적으로 지혜를 학습할 수 있을까요?

벤 넬슨　핵심은 디지털 기술을 이용해 아날로그 시대와 똑같은 행태를 반복하면 안 된다는 점입니다. 여기서 한번 대학이 온라인으로 제공하는 교육 프로그램들을 생각해보죠. 기존의 오프라인 교육과 어떤 식으로든 조금이라도 유사한 점이 있는지 자문해본 다음 그 대답이 '그렇다'라면 뭔가 잘못하고 있는 겁니다.

쉽게 설명하면 우리가 어떤 기술을 채택하려고 할 때, 만약 그 기술이 없다면 어떻게 할 것인지 생각해보죠. 예를 들어 우버 택시 앱이 아날로그식 행태를 토대로 만들어졌다면 어땠을까요? 운전기사가 자신을 더 잘 발견하도록 휴대전화에서 손전등을 켠다면? 이것이 이른바 아날로그 행태에 디지털 기술을 단순하게 적용한 방식이죠. 사실 말도 안 되는 아이디어고 그렇게 할 사람은 아무도 없습니다.

그런데 왜 우리는 교육을 이런 방식으로 접근합니까? 강의실 수업은 비효율적이고 비효과적입니다. 학생들은 현실에 필요한 실질적인 지식을 못 배우고 강의에 몰입하지도 못합니다. 민간 기업에서 이렇게 교육 받은 졸업생을 선호하지도 않고요.

그런데도 대학은 이렇게 말하죠. "좋은 아이디어가 있다. 이 (오프라인과) 똑같은 것을 온라인으로도 제공해야겠다." 이래서는 안 됩니다. 이제는 교육의 전제와 목표가 뭔지 심각하게 고민해야 합니다. 과거 방식대로 계속하면 안 됩니다. 아날로그 세상은 무너졌고, 옛날이야기가 됐습니다. 앞으로 시장에 출시될 상품들은 아날로그 시대와 달라질 겁니다. 우리 삶의 방식이 과거와 완전히 달라졌기 때문이죠. 이것이 미네르바 스쿨 교육의 근본정신입니다.

이광재 말씀을 듣고 보니 소크라테스가 질문에 질문을 던져 문제 해결의 지혜를 얻는 대화법Socratic Dialogue Method이 떠오릅니다. 현재 인류의 가장 큰 문제는 두 가지입니다. 미국과 중국의 갈등과 대치에서 벗어나 세계 평화와 화합을 이끌어 내는 것, 또 하나는 기후변화 위기에서 지구를 살리는 것이 아닐까요. 미네르바 스쿨에서 민간의 투자를 받는다면 이런 주제를 다루는 학교를 세울 생각이 있나요?

벤 넬슨 물론이죠. 지혜로운 사람이라면 코로나19 이후 '누구든 따로 격리된 채로 살 수 없다'는 교훈을 배웠을 것입니다. 이제 승패의 개념 같은 것은 없습니다. 600년 전에는 다른 도시에서 자원을 가져오는 행위가 타 도시에 피해를 줬지만 나에게는 좋은 것이라고 잘못 생각했습니다. 격리된 채로 얼마든지 살 수 있었고, 아주 멀리 가서 타지에서 뭔가를 훔쳐서 살 수 있었죠. 하지만 이제 더는 그렇지 않습니다. 그런 세상은 멸망하고 없습니다.

한국의 미래가 미·중 관계에 크게 영향을 받겠지만 미국과 중국의 미래 역시 마찬가지입니다. 우리는 모두 한배를 탔습니다. 기후변화의 위기 극복은 전 세계의 협력 없이는 불가능합니다. 빈곤 문제, 팬데믹(세계적 감염병 유행) 탈출도 마찬가지입니다. 우리는 완전히 새로운 시대를 살고 있습니다.

인류는 지성을 바탕으로 공동의 언어를 만들어 소통하며

이 문제를 함께 극복해야 합니다. 내 방식이 옳다, 네 방식이 옳다, 이런 양분법 사고에서 벗어나야 합니다. 부족주의나 국가주의에서 벗어나야 합니다.

세계화의 힘으로 함께 번영하는 세상을 만들어야 합니다. 세계화로 인류 역사상 최고의 선善을 만들었다고 생각합니다. 우리는 이 시스템의 결함을 바로잡고 계속 보완해야 합니다.

이광재 지난 몇백 년간 계속된 산업화 문명이 끝나고 이제는 디지털 혁명이 우리를 새로운 미래로 이끌고 있습니다. 국가의 경계를 넘어 인류는 더불어 사는 공동체가 돼야 할 운명입니다. 저는 미네르바 스쿨이 인류의 난제를 함께 극복해나가는 지성의 학교로 발전하기를 바랍니다.

김유열 EBS에서는 앞으로 디지털 지식 플랫폼, 글로벌 플랫폼을 만들려고 합니다. 전 세계 석학들을 인터뷰해 2021년 안에 콘텐츠들을 국내외에 공급할 계획입니다. 미네르바 스쿨의 목표나 운영과 다른 방식이지만 교육 혁명 관점에서 어떻게 추진하는 게 바람직할까요? 넬슨 CEO가 생각하는 온라인 교육 방식의 요체가 궁금합니다.

벤 넬슨 어떤 플랫폼이든 <u>정보를 전달하고 영감을 줄 수 있다면 좋은 플랫폼입니다. 여기서 핵심은 그 플랫폼이 확실한 비전을 갖고 있느냐는 겁니다. 어떤 콘텐츠를 편집해 올릴 것인지가 중요한 문제인데, 올바른 콘텐츠가 올바른 청중에게 제시되도록 해야 합니다.</u> 그 방법에는 여러 가지가 있겠죠. 정보를 배포할 수 있고, 사람들이 관여해 대화를 나눌 수도 있습니다.

뭔가를 설계할 때 결과를 먼저 생각해야 합니다. 그 목표를 가장 잘 달성할 수 있는 방법이 무엇인지 고민해 그에 맞춰 플랫폼을 구축해야 합니다. 처음부터 이러저러한 기능이 들어갔으면 좋겠다고 생각한다면 역행하는 것입니다. 그러니까 아무것도 가정하지 말고 '내가 달성하고자 하는 게 무엇인가' 부터 분명히 인식한다면 최상의 결론에 도달할 수 있습니다.

이광재 한국은 전 세계에서 국민의 지능지수^{IQ}가 높은 나라 중 하나입니다. EBS와 같은 <u>디지털 교육 플랫폼을 통해 국내외 최고 석학들의 강의를 무한정 공급받고, 서로 건전하게 토론할 수 있는 플랫폼을 만든다면 명실상부한 지식정보 강국이 될 것 같습니다.</u> 정부와 민간이 힘을 합해서 도전했으면 좋겠어요. <u>마치 교육판^{版} 넷플릭스를 만들겠다는 각오로요.</u>

김유열 EBS도 적극 투자할 계획입니다. 어느 것이든 제대로 효과를 거두려면 임계점을 돌파해야 합니다. EBS 지식 플랫폼에 100명의 석학이 들어올 때 하고 1,000명의 석학이 들어올 때의 차이점은 단순히 곱하기 10이 아니거든요.

4차 산업혁명을 국가적으로 대비하자는 차원에서 EBS는 빅뱅 수준으로 지식·정보를 서비스할 것입니다. 지금 정부에서 시도하는 지식혁명이나 지식강국 프로젝트도 굉장히 의미 있는 일이고, 또 EBS의 정체성이나 방향과도 맞는 것 같고요. 세계적으로도 대한민국이 찬사를 받을 좋은 일이라고 생각합니다.

이광재 이집트에 있는 알렉산드리아 도서관이 세계 문명의 꽃이었고, 이라크 바그다드 국립도서관, 지혜의 집이 학문 연구의 중심지로 대활약을 했잖아요. 제가 스페인 여행을 가보니까 톨레도라는 도시에 10~12세기 당시에도 책이 몇십만 권이 있었다고 하더라고요. 그들의 지적 수준이 어마어마했던 거죠. 이제 대한민국이 전 세계 최고의 지식을 무한정 빨아들여서 무제한적으로 공급해주는 멋진 나라가 됐으면 좋겠습니다.

교육개혁, 학생·학부모 시각도 중요

이광재 요즘 대한민국의 문제는 모두 실패자가 된다는 느낌을 준다는 데 있어요. 결국 교육 문제로 귀결되지 않나 싶어요. 부모는 아이를 공부시키는 게 너무 힘들고, 학교 교실에 가보면 30명 중에 10명은 자고 있고, 중·고교 학생 중에 학교를 벗어나 있는 아이도 9만 명이나 됩니다. 대학에 어렵게 들어가 중간에 학교나 전공을 바꾸는 사례도 많고, 온갖 스펙을 만드느라 많은 돈을 써도 취직이 어렵습니다. 기성세대가 앞장서서 이런 악순환을 바꿔야 합니다.

미네르바 스쿨의 교육 목표는 결국 문제 해결 능력이 있는 지혜로운 인간을 만들자는 것으로 압축됩니다. 우리나라도 교육혁명을 실천할 수 있는 '교육 대통령'이 나와야 선진국으로 도약할 수 있을 것 같습니다. 벤 넬슨 CEO는 한국의 이런 사정을 비교적 잘 아시지 않나요? 한국의 교육개혁에 관해 조언 부탁드립니다.

벤 넬슨 저는 한국이 교육 체제에 있어서 아주 독특한 문제를 경험하고 있다고 생각합니다. 한국의 전통 교육 체제는 나름대로 성과를 내고 있죠. 표준 평가 척도만 보더라도 한국은 아주 잘하고 있습니다. 그런데 문제는 잘못된 척도로 평가하고 있다는 점입니다. 무엇이든 성공하지 못할 때 변화를 추진하는 게 더 쉽습니다. 그럴 때는 '아, 내가 뭔가 잘못하고 있구나. 그러니까 바꿔야겠다'라고 깨닫습니다. 이미 최상위권에 있는데 '어, 내가 잘못된 산의 정상에 있구나'라는 사실을 깨닫는 것은 훨씬 더 어려운 일이죠.

놀랍게도 한국 사회는 미네르바 스쿨을 받아들인 최초의 국가입니다. 한국은 미네르바 스쿨의 교육 방식이 훨씬 우월하다는 것을 빨리 깨달았습니다. 이미 잘하고 있는데도 더 잘하기 위해 노력하는 것이죠. 이런 자세야말로 한국의 교육 체제가 다음 단계로 나아가는 데 매우 중요한 지점이라고 생각합니다.

이광재 한국 대학생들의 가장 큰 고통은 취업용 스펙 쌓기일 겁니다. 어렵게 취직해도 막상 회사에 들어가면 그게 아무런 도움이 안 됩니다. 회사는 회사대로 재교육을 하는 시간과 비용이 들어가죠. 대학 강의실에서 배우는 것과 기업 현장에서 쓰는 지식의 괴리가 생기는데요. 한국의 대학과 학생들은 새로운 길을 찾고 있습니다.

벤 넬슨 학생뿐만 아니라 학부모에게도 제가 보내고 싶은 메시지입니다. 학부모들이 어떤 회사의 임원일 경우 직원들을 채용하려고 면접을 할 때 무슨 질문을 던질까요? '이 문제에 대해 어떻게 생각하느냐, 이것을 어떻게 분석할 수 있느냐, 어떻게 하면 창의적인 해결책을 찾을 수 있느냐, 상황이 바뀌면 그 해결책을 어떻게 적용하겠느냐, 다른 사람과 어떻게 소통해서 이 문제를 해결할 것이냐' 등의 질문을 던질 겁니다. 모두 지혜와 관련된 질문입니다.

그러나 자신이 학부모이거나 학생 입장이 되면 이걸 잊어버리고, 내 자녀가 또는 내가 화학 과목에서 A를 받는 데 집착합니다. 왜 그럴까요? 기업이나 사회는 그것을 중요하게 생각하지 않습니다. 물론 화학자가 되고 싶다면 화학 과목에서 A를 받는 것이 좋겠죠. 하지만 더 중요한 것은 현실 문제를 어떻게 해결하느냐입니다. 학부모와 학생, 기업 고용주에게 전하고 싶은 메시지가 있습니다. "우리가 대학에 기대하는 바는 미스터리가 아니다"라는 점입니다.

한국의 어떤 대학도 '우리 학교에 입학하면 화학을 가르쳐준다'고 내세우지 않습니다. '우리 학교에 오면 세계 시민을 양성하고 문제 해결 능력을 키워주겠다'고 홍보하죠. 대학은 바로 그런 역할을 해야 합니다. 그런데 이것은 사실 광고법 위반이 아닙니까? 대학이 자신의 목표와 정말 해야 할 일이 무엇인지 알면서도 실제로는 그 일들을 하지 않으니까요.

김유열 대학 교육 성과를 평가할 때 우리나라에선 대부분 취업률 잣대로 측정하지만 실은 중구난방입니다. 새로운 교육 시스템

을 도입해 대학 졸업 후 취업도 잘되고 소득도 높아진다는 사실이 증명될 경우 그런 시스템이 각광 받지 않을까요. 조금 전에 넬슨 CEO께서 '한국 교육이 잘하고 있지만 척도가 잘못됐다'는 취지로 말했는데, 교육의 측정 척도가 어디서 잘못됐을까요? 또 하나 궁금한 점은 한국의 고등학교와 대학교에 미네르바 스쿨 방식을 전면 도입한다면 한국 교육부는 무슨 일을 해야 할까요?

벤 넬슨 만약 국회의원 사무실에서 누군가를 채용한다면 혹은 EBS에서 누군가를 채용한다면 면접에서 어떤 질문을 할지 생각해봅시다. 실제로 그들이 해야 할 일상 업무가 무엇일지 생각해봐야 하는데요. 예를 들어 연구조사 활동을 한다든지, 정책 입안 활동을 한다든지, 취재를 해서 기사를 작성한다든지 여러 업무가 있을 것입니다. 그런데 그것이 글로벌 평가 척도에 얼마나 반영되어 있습니까? 거기엔 실질적인 업무

활동에 관한 내용이 없습니다. 그리고 직접적인 교육을 배우는 것도 아니죠.

기술Skill은 공부한 것과 직접적인 연관성이 없는 경우가 많습니다. 그들은 새로운 문제를 생각해야 합니다. 예를 들어서 첫 번째 제도화와 관련된 것들이 있을 수 있습니다. 제도화를 위해서는 정책에 관해 생각해야 하고, 그다음에 제안할 것과 근본 원인에 관해 생각해야 합니다. 겉으로 드러나는 증상이 아니고요. 그 후에 어떻게 하면 제도화를 할 수 있을지 생각해야겠죠. 다른 시각을 가진 여러 사람의 지지를 어떻게 이끌어서 법안을 실행하도록 할 것인지 생각해야 합니다. 의원실의 입장에서는요.

그렇다면 기자의 입장에서는 어떨까요? 기자는 다른 생산물을 만들어냅니다. 기사를 작성해야 하죠. 하지만 같은 도구를 이용할 수 있습니다. 일단 첫 번째로 증상이 아닌 근본 원인을 이해하는 능력이 있어야 합니다. 그리고 다른 시각을 가진 사람들이 이해하고 공감할 수 있는 기사를 작성해야 합니다. 또 어떻게 하면 연구를 제대로 해서 정확한 정보를 하나로 모을 수 있을지 생각해야 할 것입니다. 이런 것들이 바로 전이 학습 능력입니다.

하지만 학교에서는 이렇게 배우지는 않죠. 누구든 16세 무렵에는 몇 년 뒤 의원실 직원이나 기자가 될지, 다른 어떤 일을 할지 전혀 알 수 없습니다. 그래서 어린 시절에 전이 학습 능력과 같은 핵심 기술을 배워야 합니다. 이런 생각을 바탕으로 지금의 평가 척도가 틀렸다고 말씀드린 것입니다.

학교 교육의 초기인 초등학생이나 중학생에게는 글을 쓰고 읽는 능력과 산수 능력 등이 중요합니다. 하지만 뇌가 준비돼 있는 사춘기 이후, 즉 중등 교육 이상으로 넘어가서 고등학교나 대학교, 경영진 교육 프로그램이나 평생학습 프로그램에서는 미네르바 스쿨의 방식이 효과를 발휘하기 시작합니다.

미네르바 스쿨 방식을 국가 차원에서 적용하는 가장 수월한 방법은 교육과정을 개편하는 것입니다. 이런저런 과목을 가르치라고 규정하는 것보다는 여러 맥락과 다양한 시나리오에 적용할 수 있는 메타인지적인 도구들, 즉 비판적 사고나 문제 해결 능력과 같은 방법론을 가르친 후에 모든 과목에 걸쳐서 그것을 평가하도록 하는 것이 중요합니다.

미네르바 스쿨 교육 방식을 실행하기 위해서는 단순히 시스템을 모방할 게 아니라 교육의 무게중심 자체를 바꾸어야 합니다. 시스템 적용의 폭을 넓힐 수 있어야 합니다. 교육 당국에서 이런 자세를 갖는다면 그것이 온라인이든 오프라인이든 교육 현장의 변화를 이끌어낼 수 있을 겁니다.

한국 고교 4~5곳, 9월부터 미네르바 방식 도입

이광재 만약 벤 넬슨 CEO가 대한한국 교육부 장관이 됐다, 내가 교육의 책임자가 됐다고 가정했을 때, 세 가지 정도 확실히 바꿔

보고 싶다면 무엇을 바꾸시겠어요?

벤 넬슨   하나는 조금 전에 제가 말씀드린 부분입니다. 평가의 우선순위를 폭에 집중할 것입니다. 심도뿐만 아니라 폭에도 집중해야 한다는 뜻입니다. 시험으로 학생을 평가하는 것이 아니라 전인적인 평가를 해야 한다는 의미입니다.

두 번째로는 교육에 관한 광고에 있어서 교육 홍보의 진실성에 관해 제도화할 것 같습니다. 예를 들어서 어떤 대학이 비판적인 사고 능력을 가르치겠다고 홍보했는데 그 부분에서 실제적인 성과가 없다면 총장이 감옥에 가야 한다고 생각합니다. 그런데 대부분 대학이 그렇게 하고 있습니다. 이것이 두 번째이고요.

세 번째로 저는 대학의 성과를 측정할 때 예산이나 연구에 기반을 두지 않을 것입니다. 당연히 연구 역량도 또 다른 성과의 척도가 될 수 있겠지만, 저는 교육 성과의 척도를 학생들의 성취도가 얼마나 개선됐는지 볼 것입니다. 처음 입학했을 때와 졸업할 때를 비교해서 개선율을 보는 것입니다. 그리고 그것을 보면 소위 명문 대학이라고 이름 붙은 대학들이 가장 큰 성과 개선이 있어야 합니다.

정리하자면, 첫 번째로는 평가의 틀을 바꾸어야 하고요. 두 번째로 정말 지킬 수 없는 약속을 광고하는 일을 불법으로 만들어야 합니다. 세 번째로 학생들의 개선도를 제대로 측정할 수 있어야 합니다. 이렇게만 하더라도 근본적인 변화가 일어날 수 있으리라 봅니다.

이광재 실무적인 질문 하나만 더 할게요. 저는 바칼로레아(프랑스의 논술형 대입 자격 시험) 교육과정이 한국에 광범위하게 도입돼야 된다고 생각합니다. 미네르바 바칼로레아를 한국 사회에 적용하려면 우리가 무엇을 더 해야 합니까?

벤 넬슨 제 생각에는 두 가지가 중요합니다. 당연히 교육과정을 한국어로 번역하는 것이 1단계일 거고요. 예산이 문제가 되지는 않을 겁니다. 그렇게 큰 비용이 들지 않습니다. 2단계는 정부가 전통 교육보다 새로운 교육 방식에 훨씬 더 교육에 가치를 두고 있다는 신호를 보내야 합니다. '정부가 앞으로는 미네르바 바칼로레아를 대학에도 사용하겠다.' 이런 메시지가 있어야 합니다. 그런 비전이 대학들의 인센티브 구조에 통합돼야 합니다. 그렇게 한다면 폭넓게 적용할 수 있을 것입니다.

이광재 한국의 몇몇 고등학교에서 미네르바 스쿨 방식을 채택한다고 들었습니다. 미네르바 스쿨은 SAT(미국 대학입학 자격시험)를 요구하지 않고 면접, 에세이, 추천서 등으로 신입생을 뽑고 있습니다. 프랑스의 바칼로레아처럼 토론식 수업과 논술형 평가를 중시합니다. 한국 학생들의 잠재력을 어떻게 평가합니까?

벤 넬슨 저희가 한국에 기대를 하는 이유는 한국 학생들이 굉장히 성실하고, 학습 의욕도 강하고, 깜짝 놀랄 만큼 창의성이 강하기 때문입니다. 이런 창의성을 훌륭한 성실성, 그리고 교육을 중요하게 생각하는 마음과 결합할 수 있다면, 이것이야말로 완전한 환경이 돼서 새롭고 정교한 교육의 틀을 완벽히 받아들

일 수 있을 겁니다.

　2021년 9월부터 한국의 4~5개 학교에서 미네르바 스쿨의
교과 과정을 시작할 예정입니다. 저희가 희망하는 바는 저희
교육과정을 도입하는 한국 학교가 향후 1~2년 안에 더 늘어
나고, 장차 100여 곳까지 확대되는 것입니다. 미네르바 스쿨
은 지금까진 교육 시스템이 영어로 되어 있는데요. 앞으로는
미네르바 바칼로레아를 한국어로도 번역해 모든 학교에 적용
할 수 있기를 바랍니다.

이광재　미네르바 스쿨의 학생 선발이나 강의 방식을 국내 대학 과정
에서 실험하면 좋겠어요. 제가 대표 발의했고, 본회의를 이
미 통과한 '디지털집현전 법안'(국가 지식정보 연계 및 활용 촉진
에 관한 법률)도 비슷한 취지입니다. 대한민국의 모든 도서관
에 있는 콘텐츠를 학교 교실, 아파트 단지에서 자유롭게 무
료로 이용할 수 있도록 하자는 거죠. 온라인·디지털을 통한

교육개혁 방안을 다양하게 모색할 때가 된 것 같습니다. 마지막으로 한국 학생들과 학부모들에게 도움이 될 말씀을 해주세요.

벤 넬슨 제가 드릴 수 있는 가장 큰 조언이라면 언제나 '더 나은 문제 해결 능력을 위한 굶주림'이 있어야 한다는 것입니다. 눈앞에 주어진 것을 그대로 받아들여서는 안 됩니다. 항상 더 나은 것을 추구해야 합니다.

김유열 EBS도 초·중학 콘텐츠 서비스를 이제 막 시작했습니다. 전부 디지털 콘텐츠인데요. 이것들을 교육·문화·산업 분야로 확대하고 온라인 서비스를 통해 서로 묶는다면 지식정보 강국의 경쟁력을 높일 수 있을 겁니다.

이광재 젊은 세대가 일거리와 일자리를 마음껏 찾을 수 있도록 진정한 교육혁명을 실천해야 할 때입니다. 더 좋은 문제 해결 능력을 찾으려 한다면 굶주림이 필요하다는 말씀이 기억에 남습니다.

스티브 잡스는 살아생전 '스테이 헝그리'(Stay Hungry· 항상 갈구하라)라고 역설했습니다. 우리 사회도 교육 때문에 고통받는 국민을 위해 더 나은 해결책을 찾을 수 있도록 치열한 자세로 도전해야겠습니다. 두 분의 좋은 말씀 감사드립니다.

디지털시대,
교육 격차를 줄이려면

디지털 전환을 해묵은 교육 문제 해결의 전환점으로 삼을 필요가 있다. 미네르바 스쿨처럼 대학은 학생들의 역량을 끌어내는 데 교육의 목표를 둬야 한다.

국가가 보유한 지식·정보를 한자리에서 볼 수 있는 플랫폼인 '디지털집현전'이 국가 지원으로 만들어진다. 국립도서관, 박물관 등이 보유한 지식교육 콘텐츠를 국가가 디지털화하고 저렴한 비용으로 집, 학교, 마을로 보내준다. 이는 교육 격차를 줄일 수 있는 하나의 방안이 될 것이다.

EBS가 세계 석학이 참여하는 교육 동영상 콘텐츠를 만들어 학생과 시민들에게 공급하는 것도 디지털 시대의 교육혁명이 될 수 있다. 국가 차원에서 글로벌 교육 콘텐츠로 개발도상국 대상 '교육 ODA'에 나선다면 대한민국의 이미지가 향상될 것이다.

하나, 디지털 혁신으로 교육 시스템을 바꿔야 한다.

1980년대 산업 역군을 길러내는 교육 시스템은 한계에 이르렀다. 대학이 창의적인 지성인을 길러내는 산실로 전환해 새로운 시대를 선도하는 역할을 수행하고 온·오프라인을 넘나드는 교육 방식과 디지털 혁신을 통해 학생들에게 비판적 사고능력과 문제 해결 능력을 키워주는 교육으로 전환이 필요하다.

둘, 미·중 갈등을 연구하는 대학, 기후 문제를 고민하는 대학을 만들자.

미네르바의 자율적 연구와 집단지성을 모을 수 있는 수업 방식에 공감한다. 이를 토대로 한다면 현재 세계의 가장 큰 문제를 해결할 실마리가 될 것이다. 그런 예로 미·중 간 경쟁과 갈등을 풀어내는 방법을 연구하는 대학과 기후 문제를 고민하는 대학 등 특정 분야의 전문가를 길러내는 새로운 대학의 역할이 필요하다.

셋, 미네르바 바칼로레아를 정규 교육화해서 고등교육에 반영하자.

미네르바 스쿨의 교육 방식인 '미네르바 바칼로레아'를 한국에 전면적으로 도입해 더는 주입식 교육이 아니라 생각하는 교육, 한 가지를 배우면 다른 곳에 얼마든지 응용할 수 있는 교육을 해야 한다. 이를 위해 미네르바 교육 과정을 한국어로 번역하고, 교육 당국이 적극적으로 이를 대학 교육과 고등교육에 반영해야 한다.

8장

삼면이 바다인 한반도, 해양의 미래와 환경보호를 생각하다

대담자: 이광재 · 차형준

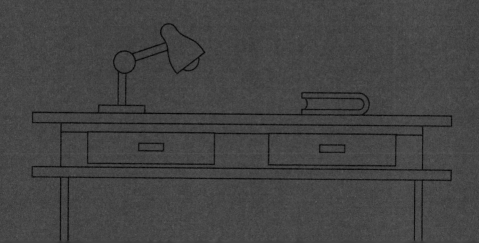

차형준
포항공과대학교
화학공학과 교수

1968년생으로 서울대학교 화학공학과를 졸업하고 동 대학에서 석사·박사학위를 받았다. 미국 메릴랜드 대학교 생명공학연구소에서 일했으며, 1999년에 포항공과대학교(포스텍) 교수로 부임한 후 주로 단백질 연구를 해왔다. 세계 최초로 실제 상황에 활용 가능한 홍합 유래 생체 접착 소재를 개발하는 등 해양 신소재 개발에 기여한 연구 업적으로 높이 평가받고 있다. 한국공학한림원이 뽑는 '대한민국의 산업 발전을 이끌 주역'으로 선정된 바 있으며, 과학기술정보통신부가 주최하는 '2017년 우수과학자 포상 통합시상식'에서 한국공학상(대통령상)을 받았다.

"하루라도 빨리 바다에 관심을 쏟는다면 해양바이오 시대를 주도할
가능성이 훨씬 더 커진다."

바다는 우주, 미생물, 가상 세계와 함께 인류의 미개척지 중 하나다.
현재 발견된 해양생물은 1% 정도 밖에 되지 않는다. 삼면이 바다인 우리
대한민국에게는 미래 성장의 열쇠가 바다에 있다 해도 과언이 아니다.

바다는 새로운 성장 동력의 가능성과 함께 환경 이슈에도 커다란 함의가
있다. '탄소 저장고'인 바다는 이미 오래전부터 생태계가 망가지고 막대한
양의 쓰레기가 쌓여 있는 곳이 되어버렸다. 이제는 바다 환경에 신경 쓸
때인 것이다.

여덟 번째 미래 대담을 위해 만난 차형준 포스텍 교수는 자신이 근무하는
지역, 포항 앞바다에서 흔히 볼 수 있는 홍합으로 세계 최초의 '생체 접착'
소재를 개발했다. 차 교수와의 대담을 통해 삼면이 바다로 둘러싸인
한반도의 특성상 바다가 신소재의 보고가 될 수 있음에 주목했다.

차 교수는 선진국 역시 해양 생물종에 대한 연구가 초기 단계여서 "제대로
앞서고 특화할 수 있는 대상이 해양"이라고 역설한다.

차 교수가 설명한 바다가 지닌 중요성에 공감하고, 해양생태계와
바다 환경의 보호가 가장 급선무라는 점에도 의견을 같이 했다.
방탄소년단BTS을 비롯한 한류 스타들이 병역 의무 대신 글로벌 환경
위기와 해양오염을 막는 캠페인을 주도하는 방안도 논의했다. 인류에
미지의 영역으로 남아 있는 바다와 미생물의 세계를 국가 핵심 과제로
놓고 도전한다면, 인류 역사에 놀라운 기여를 할 수 있으며, 해양오염
방지를 위해 지금 우리가 먼저 나선다면, 전 세계로부터 존경받는 나라가
될 수 있다고 확신한다.

공학과 의학의 융합, 관련 산업 발전 가능성 무한

이광재 의원(이하 이광재)　　제가 이스라엘 방문 시 들은 말인데요. 앞으
　　　로 인류가 개척해야 할 신대륙이 4개가 있다고 합니다. 하나
　　　는 우주, 하나는 바다, 하나는 우리 몸속의 미생물 세계, 또 하
　　　나는 가상세계, 이렇게 4개가 미래 인류의 신대륙이라고 하
　　　던데요. 차 교수님께서는 그중에서도 바다와 관련된 홍합을
　　　이용한 바이오 소재 연구를 포스텍에서 해오셨습니다. 구체
　　　적으로 어떤 연구인지 궁금합니다.

차형준 교수(이하 차형준)　　홍합은 우리가 바닷가에서 쉽게 접하는 흔한
　　　해산물로 생각하겠지만 홍합에는 굉장히 특별한 능력이 있습
　　　니다. 홍합은 생존과 번식을 위해 접착제 성분의 단백질을 내
　　　뿜어서 바위 같은 데 딱 달라붙어 떨어지지 않습니다. 그 접착
　　　제가 아주 강력해서 사람이 손으로 떼려고 아무리 힘을 써도

쉽게 못 떼어내요. 이 대단한 능력을 잘 모방해서 우리 몸을 치료하는 의학 기술에 사용할 수 있도록 접착 소재를 개발하는 연구를 하고 있습니다.

이광재 우리 몸 어디에 접착하는 건가요? 그리고 현재 어느 정도까지 진척됐는지 말씀해주세요.

차형준 우리 몸에 접착할 곳은 굉장히 많습니다. 피부가 찢어졌거나 외과 치료 시 절개 수술을 하면 반드시 봉합해야 합니다. 특히 우리 몸에는 연약한 조직이 많고, 실로 꿰맸다가 잘못해서 체액 등이 빠져나오면 세균 감염이 되거나 패혈증으로 사망할 수도 있습니다. 우리 몸에 부작용 없이 사용할 만한 접착제가 없어요.

　예를 들어 '방광 누공'이라고 방광에 구멍이 나는 경우가 있습니다. 그러면 자기 의지와 상관없이 소변이 무조건 샙니다. 이런 문제를 가지고 계신 분들은 밖에 나가지 못해서 사회나 심지어 가족과도 격리돼야 합니다. 아주 좋지 않은 병이죠. 특히 개발도상국 여성에게 굉장히 많이 발병합니다. 이 병을 치료할 시설이 없는 곳도 많아요. 이 접착제로 구멍을 메운다면 이런 문제를 해결할 수 있겠죠. 이외에도 부러진 뼈를 붙이거나 항암제, 면역 치료제, 세포 치료제 등으로도 활용할 수 있도록 제품을 개발하는 중입니다.

이광재 홍합의 족사에 그런 성분이 있다는 사실을 어떻게 아셨고, 언제부터 연구를 시작했나요? 이런 사례가 학술 논문에 많이 나와 있나요?

차형준 포스텍은 포항에 있는 연구 중심 대학입니다. 저는 원래 바이오테크놀로지를 공부했던 사람이고, 인간에게 필요한 치료제를 만드는 연구를 많이 했습니다. 그 과정에서 바다와 연결된 연구를 하면 좋겠다는 생각을 했습니다. 접착제에 만드는 생명체 중에 가장 오랫동안 연구 역사에 등장한 것이 홍합이에요. 약 40년 전부터 생화학적 연구를 시작했습니다. 저희가 찾아보니까 생체모사, 자연모사, 자연모방 등을 연구할 때 대표적으로 나오는 몇 가지가 있는데 그중 하나가 홍합이었어요. 홍합 소재에 관심이 많았고, 사람들에게 유용할 거 같다는 생각을 했지만 소재를 대량 확보하는 기술이 전혀 없었어요. 그래도 일단 우리 바닷가에 홍합이 많으니까 연구를 해보기로 했습니다.

이광재 인간이 자연의 일부이기에 자연에서 뭔가 배운다는 생각 자체는 굉장히 위대한 일인 듯합니다. 최근 카이스트 총장에 취임한 이광형 교수님을 뵈었는데, "전 세계 공장에서 여러 가지 물질을 만들어내듯 앞으로 바이오 분야도 그렇게 될 것이다. 그래서 결국 이 분야가 가장 강력한 미래 산업이 될 것이다"라고 강조하시더군요. 차 교수님은 요즘 홍합 연구 성과를 제약 분야까지 확대할 거라고 했는데 교수님이 구상한 원대한 꿈은 무엇인가요?

차형준 이공계에서 연구하는 사람들이 각자 꿈꾸는 소망이 뭐냐면, 자기가 연구했던 아이템 중에 하나라도 실생활에 적용되는 걸 보는 겁니다. 저 같은 경우에는 홍합 접착제나 치료제를 환

인간이 자연의 일부이기에 자연에서 뭔가
배운다는 생각 자체는 굉장히 위대한 일인
듯합니다. 앞으로 바이오 분야도 가장 강력한
미래 산업이 될 것이라는 이야기를 들었는데요.
이렇게 정치인도 연구하고 성과를 내서 국민에
도움이 되는 일을 할 수 있게 된다면 진짜
좋겠네요.

자들이 마음껏 사용해 '삶의 질'이 더 좋아지는 모습을 보는
게 가장 큰 낙입니다. 제가 만든 제품을 의사 선생님들이 환자
들에게 사용하겠다, 또는 많이 사용하고 있다는 말을 들으면
굉장히 기쁠 것 같습니다.

이광재 정치인도 연구하고 성과를 내서 국민에 도움이 되는 일을 한
다면 진짜 좋겠네요. 지금 하시는 소재가 접착제이다 보니 확
장성이 크겠어요.

차형준 저도 처음에 이 정도일 거라고는 생각을 안 했는데 플랫폼 소
재더군요. 제가 은퇴할 시기가 12년 정도 남았는데, 은퇴하
고 나서도 이걸로 계속 뭔가 할 수 있으리라는 생각이 들어
서 요즘은 재미있게 연구하고 있습니다. 단순히 조직만 붙이
는 것이 아니라 약물도 붙일 수 있고, 다른 세포도 붙일 수 있
으니까요. 연구하면서 다양한 사람과 이야기할 기회가 생겨

요. 아무래도 임상하는 의사 선생님들이 본인의 애로사항을 많이 이야기하게 되죠. "이런 게 있으면 좋겠다"라고 하시면서요. 아까 말씀드린 방광 누공도 고려대 안암병원 비뇨기과 선생님이랑 이야기하다가 나온 아이디어입니다. 치료가 굉장히 어려운 병인데 실로 꿰매려니까 너무 어렵고, 아까 말씀드렸듯이 개발도상국에서는 치료를 받지 못해 힘들게 사는 여성이 많다고 들었어요. 저보고 같이 연구해보자면서 노벨상을 받을 수 있을 거라고 말씀하시더라고요. 그래서 제가 노벨 의학상이냐고 되물었더니 아니라고, 이건 노벨 평화상이라고.(웃음) 농담이고요. 이게 여성의 행복을 위해서 꼭 필요한 기술이라고 말씀하셔서 '꼭 해야겠구나' 하는 생각이 들었습니다.

이광재　지금 굉장히 중요한 요소를 이야기하셨어요. 제가 스탠퍼드 대학교를 가보니까 공대 하고 의대 하고 붙어 있더라고요. 의사 선생님들이 방금 말씀하신 것처럼 의료적인 필요성을 이야기하면 공대에서 해결 방법을 만들어내고요. 서로 비약적으로 발전하는 걸 봤어요. 우리나라의 경우 30여 년 동안 1등하는 인재들이 선택한 학과가 의과대학이라 수술은 굉장히 잘하는데 관련 산업 부분이 약합니다. 만약 의대가 공대와 붙어 있으면 의사 선생님이 볼 때 방광 누공 같은 문제가 생기면 '해결할 만한 것이 있을까? 아, 홍합 접합제'라고 말하며 같이 개발할 수 있고 의공학 분야도 함께 발전하고요. 의대와 공대가 붙어 있는 시스템을 만든다면 우리의 미래 산업으로 확실히 발전하리라 봅니다.

차형준   예, 맞습니다. 굉장히 좋은 지적입니다. 외국에는 그런 데가 많아요. 포스텍에는 의대가 없습니다. 공과대학은 단순한 이론이 아니라 실생활에 적용하는 연구를 집중하는 곳입니다. 포스텍에서 지금 의대를 유치하고 싶어 해요. 이번 총장님도 그렇고, 그전부터 굉장히 원했는데 생각보다 의대를 유치하기가 쉽지 않더라고요. 여러 제약 조건이 있고요. 저도 마찬가지지만, 포스텍 교수들이 자주 외부에 나가는데 특히 서울이나 수도권에 있는 병원이나 의사들과 만나서 회의나 협약을 할 때면 시간이 많이 들고, 거리도 멀고, 연구생들도 계속 왔다 갔다 하기도 어렵습니다. 포스텍에 의대가 있다면 아까 말씀하신 것처럼 조금 더 진도가 빨리 나갈 수 있지 않을까 생각합니다. 저희뿐만이 아니더라도 연구 중심 대학 근처에 꼭 의대가 같이 있으면 좋겠어요.

이광재   그렇지 않아도 요새 의대를 늘려야 한다는 의견이 계속 나오고 있습니다. 그런 측면에서 포스텍에 의대가 생기면 미래의 생명바이오 산업 부분도 굉장히 강해질 뿐만 아니라 포항 지역 의료 분야에도 굉장히 도움이 될 거 같고요. 그다음에 대전에도 카이스트 하고 의대가 같이 붙어 있게 된다면 그 지역도 활성화될 것입니다. 하버드 대학교 의대하고 매사추세츠 공과대학교MIT가 있기 때문에 보스턴에 바이오산업 붐이 일어난 것이거든요. 의대와 공대가 결합한다면 지방의 의료 서비스는 좋아지고 새로운 미래 산업을 만들어낼 수 있을 것입니다.

바닷속은 거대한 보물창고

이광재   삼면이 바다로 둘러싸여 있는 우리나라 환경에선 바다를 개
척할 환경이 좋습니다. 동해, 서해, 남해의 깊이나 속성이 모
두 다른데요. 해양산업의 발전 가능성이 다른 나라에 결코 뒤
처지지 않다고 생각합니다.

차형준   그렇죠. 바다라고 하면 해수면 위만 피상적으로 생각하지 바
닷속은 잘 상상하지 못합니다. 바다는 아직 미개척 분야입니
다. 인류는 태양계 바깥을 탐사하는 항공우주기술을 가지고
있지만, 바다는 눈앞에 있는 심해조차 제대로 탐색하지 못하
고 있어요. 바다는 지구 표면의 71%를 차지하고 있고, 부피로
따지면 90%가량이 바다입니다. 그리고 생물 전체의 80% 이
상이 바다에 살고 있습니다. 아직도 우리가 모르는 생명체가
바다에서 계속 발견되고 있어요. 반면, 육상에선 잘 모르는 생
명체가 별로 발견되지 않고 있습니다. 바다를 알면 알수록 새
로운 것들, 우리 인류에 필요한 것들을 많이 찾아낼 가능성이
굉장히 큽니다.

　　게다가 우리 몸속은 70% 넘게 혈액이나 체액 같은 물로 차
있습니다. 수중 환경이에요. 우리 생명체가 바다에서 나왔다
는 이야기도 정설처럼 받아들여지고 있고요. 그래서 해양 환
경에서 작동하는 것들이 우리 몸 안에서 그대로 작동할 확률
이 높다고 봅니다. 여러 차원에서 새로운 가능성을 탐색해볼
여지가 많습니다.

이광재 인류가 바다에서 시작됐다면 거대한 보물창고가 바닷속에 있다고 해야겠네요. 더군다나 모르는 것이 많고요. 제가 찾아보니 동해 평균 수심이 1,752미터 정도 된다고 합니다. 우리는 지금 기껏 해봐야 얼마 내려가지 못합니다. 심해 탐험 장비도 굉장히 부족하고요. 바다를 탐구하면 탐구할수록 더 많은 새로운 세상을 열 수 있다고 생각합니다.

차형준 네, 맞습니다. 산업 측면에서 봤을 때 중요한 부분이 원천 소재, 원천 기술인데 우리는 생각보다 가지고 있는 게 굉장히 적습니다. 새로운 소재를 찾아내고 기술을 확보해야 합니다. 그걸 어디서 찾을 수 있느냐, 저는 바다라고 보는 거죠. 바다 전체 생물 가운데 인류가 제대로 알고 그걸 잘 활용하는 것은 1% 이하에 불과합니다. 이 말은 결국 다른 선진국들도 아직 해양 분야에서 생각보다 많이 앞선 게 아니라는 뜻입니다. 우리나라가 하루빨리 바다에 관심을 갖고 심해로 파고들면 새로운 원천 소재, 원천 기술을 확보할 가능성이 더 커집니다.

이광재 교수님 말씀에 동감합니다. 지금 우리가 수산물 수출을 연간 2조 5,000억 원가량 하는데 1위 품목이 김(약 7,000억 원)입니다. 원래 김을 먹었던 사람은 한국인, 일본인밖에 없었는데 이제는 전 세계의 건강한 먹거리로 자리 잡게 된 거죠. 앞으로는 이런 식의 접근이 필요한 것 같습니다. 세계화, 고부가가치화의 시작은 기능성 식품이겠지만, 그것이 다양한 연구로 원천 소재나 원천 기술로 발전한다면 결국 우리의 바다는 거대한

보물창고가 되지 않을까요.

차형준 물론입니다. 하지만 잘 접근해야 합니다. 만약 해양생물자원을 직접 이용할 경우 그 가치를 1이라고 한다면, 이걸 약간 더 가공해 사람이 먹을 수 있는 식품을 만든다면 부가가치가 10으로 올라가죠. 더 나아가 기능성 식품, 화장품으로 가면 수십 배, 수백 배까지 갈 수 있고요. 신약이라든가 의약품처럼 인체에 직접 쓰는 쪽으로 가면 수백만, 수천만 배 이런 식으로 부가가치가 확 올라갑니다. 같은 소재라도 그걸 어떤 식으로 적용하고 활용하느냐에 따라 고부가가치 산업으로 갈 수 있기에 우리나라가 그런 분야를 선점할 필요가 있습니다.

물론 기본을 잘하는 것도 매우 중요합니다. 김을 제대로 양식하는 기술, 이런 거 굉장히 중요해요. 그래서 우리나라 김이 세계 최고 자리를 차지하는 게 아닐까요. 일본이나 중국에서도 김을 만들지만 양식 기술에서 따라오지 못하고 있거든요.

일단 좋은 양식 김을 만드는 기반이 마련돼 있다면 거기서 더 좋은 성분을 뽑아내고 훨씬 더 부가가치 높은 산업으로 갈 수 있다는 뜻이에요. 이런 강점을 우리가 계속 가져갈 수 있도록 국가에서 투자를 아끼지 않고 연구자들도 계속 노력해 집중적으로 연구할 필요가 있습니다.

이광재 이런 부분도 있는 것 같습니다. 달을 탐사하겠다는 존 F. 케네디 대통령의 원대한 꿈이 결국 나사NASA 프로젝트로 이어져 과학기술의 새로운 미래를 열었잖아요. 우리도 삼면이 바다라는 점을 고려하면 바다 쪽으로 깊이 파고들어 해양과학기술의 새로운 세상을 여는 것이 국가 전략의 하나가 되지 않을까 합니다.

차형준 아시겠지만 우리나라는 삼면이 바다인데 그 바다의 특징이 다 다르잖아요. 저는 그점이 재밌는 거 같아요. 동해는 기본적으로 깊이도 있고 파도도 많지만, 북쪽에서 한류가 내려오고 남쪽에서 난류가 올라와서 겹치기 때문에 어류도 풍부하고 종이 많아요. 수산 자원이 굉장히 풍부하죠. 서해는 반대로 중국에 있는 강하고 우리나라의 한강을 포함한 여러 강이 바닷물과 섞이면서 갯벌을 형성하는 역할을 하거든요. 그러니까 거기에는 영양염류(생물의 생육에 필요한 염류) 분포도 굉장히 높고 물고기들이 산란장으로 많이 쓰고, 또 갯벌에 사는 생명들이 엄청나게 많죠.

이광재 제가 서해안에서 염전 하시는 분들 이야기를 들어보았어요. 중국에서 내려오는 물줄기가 히말라야에서 내려와서 전 대륙을 훑고 서해안에 모였기 때문에 여기에서 소금을 만들면 가장 좋은 소금이 나온다고 합니다. 천일염 관련 사업을 계속하는 분들도 계세요. 갯벌은 굉장히 생명 지향적인 곳입니다. 말 그대로 숨 쉬는 땅이니까요. 그래서 서해를 세계적인 갯벌로 등록해서 우리가 미래를 열어가자고 주장하는 사람도 있고요. 또, 남해를 보자면 2,000개가 넘는 섬이 있는 다도해입니다. 잔잔하고 볼 것도 많아서 지중해 연안처럼 크루즈 관광을 해도 되지 않을까요?

차형준 서해안 갯벌은 대단히 중요한 생태계 보고입니다. 거기에만 특별히 있는 생명들도 있고요. 남해는 관광지로 발전할 잠재력이 큰 곳이고요. 과학자의 관점에서 보자면 잔잔하니까 양식에 적합해요. 양식을 잘할 수 있는 조건을 갖췄습니다. 동해에는 다양한 어종, 서해는 갯벌, 남해는 양식, 삼면이 모두 다른 특징을 갖고 있는 나라가 생각보다 없어요. 해양수산부에서 해양바이오 산업을 독려하겠다고 계획을 발표했습니다. 서해는 갯벌 관련 해양바이오로 가는 게 맞고요. 남해는 완도를 중심으로 해조류라든가 전복 같은 생물의 양식이 가장 잘되니까 그런 것들 중심으로 아이템을 잘 잡으면 좋겠습니다. 동해는 아직 정확한 게 없지만, 강원도부터 경상도까지 내려가는 해안선이 굉장히 길어요. 동해 라인은 제가 하고 있는 홍합이나 대게, 키토산 같은 것들을 의료 소재로 개발할 굉장히 좋은 소재가 많고요. 지역마다 특성에 맞는 것을 찾아 개발하면 성장 가능성이 큽니다.

기후·환경 위기, 바다가 핵심 변수

이광재   바다와 지구온난화 간의 관계에 대해서 이야기해볼까요. 바다에는 이산화탄소^{CO2}를 저 밑바닥까지 데려가는 생물이 많다고 합니다. 바다와 기후 위기는 어떤 상관관계가 있을까요?

차형준   바다와 기후변화는 직접적인 관계가 있습니다. 지금 같이 지구온난화 문제가 생기면 일단 바다 수온^{水溫}이 변해서 어종 분포에 변화가 생기고요. 지구온난화의 주범이라고 생각하는 CO_2가 대기에 많아지면 CO_2가 바닷물에 녹아들어 바다를 약간 산성화시켜요.

지구는 탄소 사이클이라고 해서 스스로 CO_2 조절 작용을 합니다. 이 사이클에서 커다란 역할을 하는 게 두 가지 있는데 하나는 식물이 하는 광합성으로 CO_2를 포도당으로 바꾸고 산소를 만들어요. 또 하나는 바다가 자체적으로 CO_2를 보관하는 역할을 합니다. 단순히 포집만 하는 게 아니고 그 안에 있는 많은 생명체가 CO_2를 이용합니다. 조개라든가 산호라든가 우리 눈에 보이지 않는 미세 조류^{藻類} 같은 것들도 있고요. 이런 것들이 CO_2를 탄산칼슘이라는 석회 비슷한 성분으로 미네랄화해서 껍데기를 만들어 사용하죠. 그런데 바다의 피에이치^{pH}가 낮아져 산성화되면 껍데기가 다시 녹아요. 결국 대기에 이산화탄소가 많아지면 조개가 조개껍질을 만들지 못하고 민조개처럼 생활하는 세상이 올 수 있는 거죠. 지구온난화는 바다 생물들에게 굉장히 안 좋고 위험한 일입니다.

이광재 탄소 사이클이 중요하군요. CO_2가 발생하면 식물에서 광합성으로 포도당과 산소를 내는 것처럼, 바다 역시 CO_2의 거대한 창고 역할을 하는데 조개껍질을 만드는 데도 쓰인다는 거죠. 이건 마치 산소 공장과 같은 거대한 하나의 시스템이네요.

차형준 맞습니다. 그런 생물들이 죽으면 모두 밑으로 가라앉습니다. 그게 나중에 우리가 광물로 회수해서 쓸 수 있는 단괴(퇴적암 속에 특정 성분이 농축되어 주위보다 단단해진 덩어리)가 됩니다. 만약 거기에 망간이 많이 섞여 있으면 망간 단괴가 되는 거죠. 전부 광물이고 자원이라고 볼 수 있습니다. 우리 몸도 탄소로 되어 있는 유기체잖아요. 이 탄소도 대기에 있는 이산화탄소에서 옵니다. 중간에서 먼저 식물이 CO_2를 이용해서 광합성으로 포도당을 만들면, 우리는 그 식물을 먹고, 또는 초식동물이 식물을 먹은 뒤 우리가 초식동물을 먹어서 그게 사람한테까지 오는 거예요. 우리 사람도 자연의 탄소 사이클 중 한 부분을 구성하는 겁니다.

이광재 참 중요한 말씀입니다. 인간이 영장류라고 주장하고 환경운동을 인간과 환경을 분리해서 서양의 인식론적 주체-객체처럼 생각하는데, 이제는 불교의 연기론처럼 우주 속의 일원으로서 서로 연결되어 있다고 생각해야 기후변화 위기를 넘어서는 온전한 사상을 가질 수 있는 게 아닐까요? 그런데 바다가 좀 더 CO_2를 저장하기 좋은 환경을 만드는 방법은 없습니까? 예를 들어 조개를 아주 많이 키운다든지 하는 방식 같은 거요.

차형준 　자연이 하는 일은 규모가 너무 커서 인간의 단순한 대안으로는 힘듭니다. 우선 CO_2를 저감해야 합니다. 자연은 자정능력이 있기 때문에 대기오염이나 지구온난화를 어느 정도까진 그냥 놔둡니다. 자연이 원래 알아서 다 해요. 지금의 환경문제는 자연이 처리할 능력을 벗어났기 때문에 발생했습니다.

이광재 　결국 코로나19나 기후 위기가 인류에 주는 교훈은 '공존해야만 살아남을 수 있다'는 메시지라고 생각합니다. 인간이 뒤늦게 방역을 열심히 하고 환경을 보호하고 CO2를 줄여도 홀로 살아남을 수 없다는 거죠. 지구 공동체를 향한 인식과 발전 방식을 새롭게 인식해야 합니다.

차형준 　그래서 탄소 중립을 지키는 것이 중요합니다. 인간이 무엇을 하든지 당연히 탄소가 나옵니다. 우리 인간도 (호흡 등을 통해서) 탄소를 만드니까요. 그렇기 때문에 탄소가 너무 많이 나오는 활동이나 생산방식 자체를 줄여서 자연의 사이클 안에 들어갈 수준으로 줄여야 합니다.

이광재 　그런 걸 보면 너무 많아도 안 되고 너무 적어도 안 되고, 이게 동양사상에서 찾을 수 있는 조화와 균형인 것 같습니다. 우리도 건강한 사회 지표를 만들어야 한다는 생각이 듭니다. 혈압도 너무 높아도 안 되고 낮아도 안 되잖아요. 사회 시스템도 마찬가지로 균형을 잡아야 합니다. 왜 빈부격차가 커지면 사회가 파괴되는지 이해가 가고요. 이번 대담을 계기로 생명체가 공존하려면 균형을 잡아야 한다는 생각을 많이 했습니다.

차형준　　그렇죠. 다시 접착제 이야기로 돌아가보면. 접착제도 균형이 굉장히 중요합니다. 두 개의 물체를 붙일 때 접착제가 일단 물체의 표면에 붙어야 하고, 접착제끼리 그 안에서 또 결합해야 돼요. 표면 접착과 접착제 안에서 자기들끼리의 접착 사이에 균형이 맞지 않으면 붙지 않습니다. 두 가지 균형이 모두 맞아야 하는데 자연에서는 그걸 엄청 잘 맞춰요. 우리 인간은 아직도 그 균형을 못 맞추고 있어요. 저 역시 못 맞추고 있고요. 우리가 해결해야 할 과제는 바로 이런 것입니다.

이광재　　균형 말씀을 하시니까 생각났는데 《히포크라테스 의학서》와 중국에서 가장 오래된 의학서 《황제내경》을 보고 굉장히 깜짝 놀랐어요. 각각 서양과 동양을 대표하는 고전 의학서인데 공통점을 발견했습니다. 사람이 건강하게 살려면 인간과 자연 사이에 조화가 유지돼야 하고, 또한 인간과 사회의 조화, 인체 내의 장기臟器 간 조화 등을 역설하고 있더라고요. 몇천 년 전에도 그런 생각을 했다는데 새삼 놀랐죠. 우리 사회가 앞으로 진화하려면 조화와 균형이 절실히 필요합니다.

'플라스틱 바다'를 구하는 법

이광재　　이제 조금 더 실질적인 얘기를 해보죠. 얼마 전에 수산물시장에 갔더니 물건 파는 분들이 생선 내장 같은 건 가급적 먹지 말라고 하더라고요. 바다 밑이 많이 오염돼 자기들도 어떤 어종의 경우에는 생선 살 위주로 먹는다는 거예요. 최근 TV 뉴스에서 상위 포식자인 고래나 상어 같은 어류의 몸속에서 비닐이나 플라스틱이 나오는 영상을 자주 봅니다. 해양 오염 문제는 굉장히 심각한 현안입니다. 어떻게 대처하는 게 좋을까요?

차형준 참 어려운 질문인데요. 일단 미세 플라스틱 문제는 플라스틱 자체를 인류가 만들었기 때문에 나온 재앙이라 더 어렵습니다. 게다가 바다에 흘러간 플라스틱은 바닷속으로 내려가서 없어지는 것처럼 보이지만, 사실 없어지지 않고 미세한 입자 Particle로 만들어져 전부 해양 생명체로 들어가고 결국 그게 사람한테 오기 때문에 더 위험합니다. 최근 이쪽 분야에 많은 연구자가 연구를 시작했습니다.

어떤 분들은 새로운 플라스틱 기술을 개발하려 하고, 어떤 분들은 버려진 플라스틱을 처리하는 방법을 고민합니다. 저희가 최근에 연구한 것은 애벌레를 이용한 방법이었어요. 곤충류 중에서 플라스틱을 먹어서 분해하는 생명체들이 있더라고요. 물론 곤충이 먹어봤자 먹는 양에는 한계가 있죠. 그래서 플라스틱을 분해할 수 있는 곤충의 몸 안에서 그런 작용을 하는 미생물을 찾아내야 합니다. 그 미생물이 만들어내는 효소를 찾아내 공장에서 대량으로 만들어 실생활에 활용해야 하는 거예요. 최근에는 전 세계적으로 많이 연구하고 있습니다.

이광재 미세 플라스틱 문제는 덜 쓰는 것도 중요하고, 생분해성 기술을 얼마만큼 빠른 속도로 발전시키느냐가 관건입니다. 제가 이 부분은 민주당 K뉴딜위원회에서 기술 체크를 해본 적 있었는데요. 우리나라 생분해 기술이 세계적으로 상당히 앞서가고는 있는데 아직 대량생산까지는 못 가고 있더라고요. 애벌레 말씀도 하셨는데 그런 물질을 찾아내면 빨리 대량생산을 하는 것도 좋은 방법입니다. 이 지구가 우리 생명의 일부라는 생각으로 모든 생존 방식과 발전 방식을 다시 생각해야 할 때입니다. 더불어 환경 위기 시대에 BTS 등 세계적으로 명성이 있는 한류 스타들이 그린Green 해양수비대 같은 걸 만들어서 환경운동을 주도할 수도 있고요.

차형준 BTS가 군 복무할 때 그런 활동을 하는 것도 좋을 것 같아요. 안 그래도 남태평양에 지금 한반도 넓이만 한 쓰레기더미가 떠다니고 있잖아요. 그런 플라스틱 쓰레기 더미에 가서 영상을 찍어 적나라한 해양오염 현장을 보여주고, 여러 채널을 통해 환경보호 캠페인을 적극적으로 벌인다면 지구촌의 젊은 친구들이 더욱더 관심을 갖겠죠.

이광재 유명 스타들이 적극적으로 활동해준다면 서해안이 훨씬 더 깨끗해지고 우리 어민들뿐만 아니라 우리나라 모든 국민이 더 쾌적하게 살 수 있지 않을까 싶어요.

차형준 그럼요. 해양오염 문제를 너무 크게만 보면 사람들이 더 마음에 안 와 닿을 수 있습니다. 단순히 나중에 인류의 문제가 된다고 말하기보다 바로 우리 자신의 문제다, 우리가 살아가고 돈 버는 데 직결되는 문제라고 생각한다면 더 빨리 와 닿지 않을까요. 미세먼지도 옛날에는 크게 신경 쓰지 않았는데

점점 사람들이 자기 건강에 문제가 생기니까 더 관심을 갖게 됐듯이, 자기한테 문제가 생긴다는 자각을 할 필요가 있는 것 같습니다.

이광재 현재 북극의 얼음이 녹고 있습니다. 이것이 인류의 불행으로 다가올지 어떤 새로운 문명으로 다가올지 여러 학설이 있습니다. 교수님이 보기에 극지방 빙하가 녹으면 지구에는 어떤 변화가 올까요?

차형준 일단 이 현상 자체가 지구온난화 때문에 벌어진 일입니다. 크게 보면, 옛날에 케빈 코스트너가 주연했던 영화 〈워터월드〉처럼 북극의 얼음이 다 녹아서 육지가 없어지고 망망대해만 남아 있는 세상이 될 수도 있고요. 그 영화가 나온 지 오래됐는데 더 끔찍한 시나리오도 있습니다. 얼음이 녹으면 해수면도 올라가지만, 해류 흐름이 급격히 바뀝니다. 바다 해류는 지구의 온도랑 연결되어 있거든요. 그래서 도리어 빙하기로 갈 수 있다는 거예요. 영화 〈투모로우〉에 나오는 내용입니다. 어쨌든 둘 다 암울하죠. 결국 지구온난화를 막아야 해요. 기후 위기의 정확한 미래 시나리오는 학자들도 아직 잘 모릅니다. 해양 환경이라는 게 굉장히 복잡하거든요. 북극에도 어느 정도 따뜻한 데가 있지만, 굉장히 추운 데도 있고 압력도 엄청 차이가 나고 빛의 양도 모두 다르고요.

이광재 맞아요. 그 얼어붙은 땅덩어리 밑에 있는 CO_2가 폭발적으로 올라올 거라는 이야기도 있습니다. 《성경》에 보면 과거에는 물로 심판했지만, 이제는 불로 심판할 거라는 말이 있는데 저는 그 불이 '핵전쟁'일 줄 알았거든요. 그런데 그게 핵전쟁이 아니라 지구온난화일 수 있다는 생각이 들었습니다. 우리 인류는 이를 각성하고 새로운 자세로 대응할 필요가 있습니다.

해양바이오, 소재 산업에 주목해야

이광재 현재 정부 조직에는 관련 부처가 해양수산부 하나입니다. 이런 상태에서 우리가 원대하고 거대한 미래상을 만들어낼 수 있을까요?

차형준 아니죠. 일단은 산업통상자원부의 도움이 많이 필요합니다. 해양 생물 연구를 산업적으로 적용한다면 산업자원통상부가 같이 가야 할 테고요. 만약 바이오메디컬 쪽으로 간다면 당연히 보건복지부에서 같이 가야 하고요. 다부처 사업이 돼야 할 거예요.

이광재 바다 자체를 연구하는 NASA 같은 조직에 대해서는 어떻게 생각하세요? 미국은 우주로 가기 위해 NASA를 만들었습니다. 우리도 저 멀리 바다로 나아가기 위해 NASA 같은 조직을 만들어 집중해서 거대 과학이 자리 잡도록 과감한 투자를 할 필요가 있다는 생각이 드네요.

차형준 물론 해양연구원이 있기는 하죠. 부산에 키오스트KIOST라고 있습니다. 거기에서 주로 기본 연구도 하지만, 다른 연구도 너무 많이 해서 집중이 좀 안 되어 있는 거 같아요. 특히 해양바이오 분야는 굉장히 작아요. 아쉬운 부분이 좀 있습니다. 진짜 조직의 목적이 무엇인지 탐사인지, 개발인지에 따라서 조직을 다분화할 필요가 있지 않을까요?

이광재 마지막 질문입니다. 현재는 포스텍에 계시지만 만약 '내가 국가를 설계하는 설계자가 됐다, 내가 바다 전체에 대해서 의사결정을 하는 책임자가 됐다'고 가정한다면, 인류에 기여하고 한반도가 크게 도약하도록 하기 위해선 무슨 일을 해야 한다고 생각하세요?

차형준 일단 바다를 활용하는 어떤 산업이든 그 영역이 굉장히 넓습니다. 꼭 바이오만 있는 것도 아니고, 해양산업이라는 것이 조선 분야부터 양식업, 수산업까지 모두 포함됩니다. 제가 하는 해양바이오 쪽은 굉장히 작은 부분입니다. 일단 이 분야로 좁혀서 이야기한다면, 우리가 해양에 대해서 많이 모르고 있고 개척해야 할 부분이 많습니다. 새로운 소재, 새로운 기술을 찾을 가능성이 크다는 점을 고려하면 좀 더 빠르고 과감하게 연구·개발을 시작했으면 좋겠습니다.

현재 우리나라는 해양 관련 연구자 인력이 소수입니다. 육지보다 해양이 훨씬 더 넓은 공간인데도 불구하고 해양 연구자가 적기 때문에 관련 분야에서 아직 많이 못 치고 나가고 있습니다. 그래서 해양 연구를 단순히 해양과, 해양학과를 나온 사람만 할 게 아니라, 해양에 관심 있는 사람은 누구나 할 수 있는 분야라고 생각하길 바랍니다. 또 하나 중요한 점은 관련 부처와 국가 차원에서 바다에 자주 관심을 쏟아주어야 합니다. 산업계에서도 '아, 진짜 제대로 돈 벌 수 있는 대상이구나'라는 인식을 가져야 합니다. 그래서 해양산업 분야에서 성공 사례를 보여줘야 합니다. 성공 사례가 여러 번 나오면 사람들이 더 큰 관심을 갖고 투자하게 되겠죠.

저는 20년쯤 연구했는데 요즘은 단순 기초연구뿐만 아니라 해양 관련 기술들을 실제 산업화 과정으로 연결할 중계센터를 세우려 하고 있습니다. 그중 바이오메디컬, 헬스케어 분야를 대상으로 특화된 구심점을 만들어보려 합니다. 그렇게 해서 국가 경쟁력에 이바지해야겠다는 각오를 다지고 있습니다.

이광재 인류의 네 가지 미지 영역 중에서 우주 영역은 미국, 중국이 앞서나가고 있습니다. 가상세계, 특히 게임의 영역에서는 한국이 앞서나가는 편입니다. 앞으로 바다에서 한국이 새로운 가능성을 찾아 도전한다면 언젠가 새로운 이정표를 만들 수 있다는 확신이 듭니다. 좋은 말씀 감사합니다.

또한 그렇게 하기 위해서는 지구 표면의 71%를 차지하고 있고, 생물 전체의 80% 이상이 살고 있는 바다 환경을 잘 보존하고 오염을 방지해서 인류에 기여하고, 전 세계로부터 존경받는 그런 나라가 되었으면 하는 바람입니다. 좋은 말씀 감사합니다.

한류스타와 함께 글로벌 바다 환경보호 캠페인을
한국이 주도해보면 어떨까?

우주 쓰레기 청소선을 소재로 한 영화 〈승리호〉를 보며, 우리의 미래 모습이 아닐까 생각했다. 바다 쓰레기 문제도 심각한 환경 이슈다. '탄소 저장고'인 바다를 살리는 캠페인을 제안한다. 환경오염은 전 세계적인 문제이며 협력해서 세계적인 차원에서 대처하는 것이 공존의 길이다. 해양오염 방지 캠페인을 펼쳐 글로벌 환경 위기를 막는 '그린 해양수비대'를 창설하면 어떨까? 환경보호의 긍정적 영향을 전 세계에 빠르게 파급시키는 데 도움이 될 수 있을 것이다.

하나, 미개척지 해양 관련 산업으로 눈을 돌리자.
미국이 NASA라는 거대 프로젝트를 만들어서 소기의 성과를 거두었듯이, 삼면이 바다인 우리나라도 거대 프로젝트를 준비하고 그에 걸맞은 기관을 만들어서 투자한다면, 해양산업 분야에서 전 세계를 선도하는 위치에 갈 수 있을 것이다.

둘, 공과대학과 의과대학이 만나면 바이오 강국으로 가는 길
을 앞당길 수 있다.

미국의 스탠퍼드 대학교처럼 의과대학과 공과대학을 서로 붙여놓으
면 의료에서 필요한 기술을 공학적으로 해결하기 수월해지고 효율
성도 높아진다. 따라서 우리나라의 포스텍이나 카이스트, 지스트 등
에 의과대학을 개설한다면 스탠퍼드 대학교처럼 융합적 학문의 성
취도도 높아지고 AI 같은 관련 기술 개발에도 박차를 가할 수 있다.

셋, 글로벌 해양오염 방지 캠페인을 위한 '그린 해양수비대'를
창설하자.

전 세계적으로 사랑받는 방탄소년단BTS 같은 유명인사들로 일종
의 그린 해양수비대를 구성해서 해양오염 방지 캠페인을 벌이고,
직접 남태평양에 떠다니는 쓰레기 섬의 심각성을 널리 알리는 홍
보 영상도 찍는 등 전 세계에 해양오염의 심각성에 대한 메시지를
보낸다면, 세계인의 관심도 높일 수 있고 국가적으로 존경받는 활
동이 될 것이다.

Part V

자비를 베풀고
지혜를 발휘하는 삶

9장

삶의 흐름대로 산다면
행복은 습관이 된다

대담자: 이광재 · 계호 스님

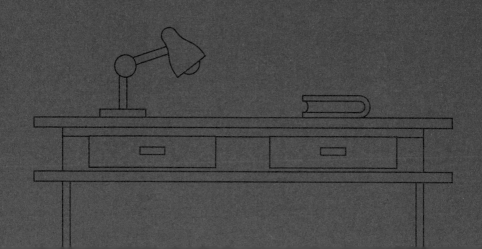

계호 스님
진관사 주지 스님

조계종 중앙종회의원, 전국 비구니회 부회장 등을 역임했다. 강원도 묵호포교당 학생법회에서 당시 주지였던 혜거 스님(훗날 동국대 불교학술원 동국역경원장)에게 《초발심자경문》《반야심경》 등을 배우고 참선 수행을 지도 받았다. 1968년 탄허 스님의 권유로 진관사로 출가해 진관 스님을 스승으로 모셨다. 운문승가대학, 중앙승가대학을 졸업했으며 1983년부터 13년간 경상북도 청도 운문사에서 후학을 가르치는 강사 소임을 맡았다. 1993~2006년 강원도 횡성 보광사 주지에 이어 2006년 5월부터 진관사 주지 소임을 맡고 있다. 진관사 수륙재보존회 회장, 산사음식연구소 대표를 겸하고 있다. 대한불교조계종 사찰 음식 명장으로서 전 세계에 건강하고 행복한 사찰 음식을 알리고 있다.

서울 은평구에 있는 진관사津寬寺는 예로부터 서울 근교의 4대 명찰名刹로
손꼽혔다. 거란의 침입을 막아낸 고려 현종顯宗이 1011년에 창건했다고
전해진다. 진관사는 2015년 7월 미국 조 바이든 당시 부통령이 방한했을
때 또 한 번 세상에 알려졌다. 질 바이든 여사가 한국 문화와 사찰 음식을
체험하기 위해 비구니 사찰인 진관사를 찾아 3시간 가까이 머물렀다.
이번 대담에서는 천년 고찰의 주지 소임을 15년간 맡아온 계호戒昊 스님을
만났다. 그는 한국 불교의 큰스님인 탄허呑虛 스님과의 인연으로 고교
졸업 후 출가했다. 대담 중에 계호 스님은 "사바세계가 원래 고해苦海인데
그 속에서 살다 보면 오르막과 내리막이 있기 마련입니다. 안 될 때는
무리하지 말고 쉬어가는 지혜가 필요합니다"라고 말씀하셨다. 수행하는
마음의 두 축軸은 자비와 지혜라는 말씀도 전했다. '가슴은 따뜻하게,
머리는 맑게' 평상심을 갖고 세상을 살라는 얘기로 들렸다. 사찰 음식
명장이기도 한 계호 스님은 평생 건강을 유지해온 비결로 "자연에서 나는
제철 음식이야말로 최고"라고 강조했다. 몸과 마음을 가다듬고 맑게 한
뜻깊은 시간이었다.

10대에 출가해 53년간 수행 외길

이광재 의원(이하 이광재)   계호 스님께서는 10대 후반에 불가에 귀의하
    셨다고 들었습니다. 특히 탄허 큰스님과의 인연이 크게 작용
    한 것으로 전해집니다. 탄허 큰스님의 말씀 가운데 인상적인
    부분은 무엇이었는지요? 10대 후반에 출가를 결심한 사연이
    궁금합니다.

계호 스님 저는 독실한 불교 집안에서 태어나 자랐어요. 부친의 친구 중
    한 분도 정동진에 있는 등명낙가사를 창건한 경덕 스님이셨
    고요. 어렸을 때부터 절집에서 많이 놀았습니다. 그러다가 고
    등학교 1학년 때 탄허 큰스님이 제가 다니던 절에 법회를 하
    러 오신다는 이야기를 듣고 한번 가봐야겠다 마음먹고 참석
    했습니다. 큰스님이 칠판에 한문을 너무 잘 쓰시는 거예요.
    《반야심경》의 '색즉시공 공즉시색'을 중심으로 공空에 관한 이
    야기를 해주셨는데 저는 그 말씀이 마음에 와닿았습니다. '아,
    여기에 뭔가 심오한 뜻이 있구나'라고 생각하고 그다음부터
    불교 학생회에 열심히 나갔습니다.

    매주 불교 학생회에 다니다가 고등학교 졸업 무렵에 '출가
    해야겠다'는 생각이 저절로 들었어요. 그래서 탄허 큰스님께
    여쭤보았습니다. 큰스님께서 저를 쳐다보시더니 "너는 고독
    지상孤獨之相이라 출가해도 되겠다"고 말씀하셨어요. 그래서
    고등학교를 마치고 사월 초파일이 지난 1968년 5월에 진관
    사에 첫발을 디뎠습니다.

이광재 특별한 인연으로 출가하셨군요. 그렇게 어린 나이에 출가하면 적응하기 힘들었거나 수행하는 데 어려움도 있었을 것 같습니다. 그런데도 무려 53년이나 수행 외길을 걸어오셨습니다. 비결이 있을까요?

계호 스님 처음 절집에 들어왔을 때는 너무 엄격해서 숨 쉴 틈도 없었습니다. 저는 원래 활달한 성격이라서 적응하는 데 시간이 좀 걸렸어요. 그래도 절집 생활을 하면서 음식 만드는 일이나 궂은 일에 몸을 아끼지 않았습니다. 그 덕에 수행 생활을 잘 버틴 것 같아요. 집에서도 음식 만드는 걸 좋아했고요.

한번은 조계종 총무원장을 지내셨던 서운 큰스님이 동국학원 이사장으로 계시던 시절에 제가 있는 절에 들르셔서 공양을 대접한 적이 있어요. 된장찌개를 해서 올려드렸는데 입맛에 잘 맞으셨는지 누가 만들었는지 물어보시고 저를 부르시더라고요. 가서 큰절을 세 번 하고 뵀습니다. 큰스님께서 저보고 뭐 하다 왔느냐고 그러셔서 "고등학교 졸업하고 집에서 교대 가라고 했는데 안 가고 여기 왔습니다"라고 대답했어요. 그랬더니 큰스님께서 "아니 그럼 학교를 가야. 내가 동대 이사장인데 동대 들여보내 줄 테니 학교 다니거라"라고 하시더라고요. 제가 "아이고, 큰스님. 절집 돈으로 학교를 왜 갑니까? 제가 학교 다니다가 중 노릇 하기 싫어서 시집가면 어쩌실 건데요?"라고 했죠. 큰스님께서 저보고 맹랑한 녀석이구나 하고 웃으시더니 지금까지 무엇을 배웠냐고 물으셨어요.

저는 고등학교 3년 동안 불교 학생회에서 현재 금강선원

267

원장님으로 계시는 혜거 스님한테 도량석道場釋 하는 법이나 참선하는 법을 다 배웠거든요. 그렇게 말씀드렸더니 서운 큰 스님이 "네가 초발심初發心을 배웠다니 그럼 능예소예能禮所禮가 뭔지 말해보거라"라고 하시더라고요. 그래서 "능이 예하는 것은 중생이고, 예를 받는 소예는 부처님이다. 부처님은 예를 받으시고 중생은 예를 한다"라고 설명했습니다. 큰스님께서 "야, 이렇게 똑똑한 아이는 강사를 만들어야 되겠다"라고 하시면서 저를 두 달 만에 청룡사로 보내셨어요. 그다음 해에 청룡사에서 자운 스님에게 사미계를 받았고요.

이광재 탄허 큰스님께서 1970년대에 설법한 내용이 요즘 유튜브에서 회자되고 있습니다. 장차 한국이 중국과 가깝게 지낼 것이고, 원 없이 중국 여행을 다니게 될 것이며, 4대 강국 사이에 한국이 우뚝 설 거라는 예언이 맞아떨어져서 그런 것 같습니다. 이 내용 말고도 주변 스님들한테 또 다른 미래 예언을 말씀해주셨나요? 스님이 보기에 탄허 큰스님은 어떤 분이셨습니까?

계호 스님 1968년으로 기억하는데 저한테 중국어를 배우라고 하셨습니다. 영어도 좋지만 앞으로 중국이 세계 일등 국가가 될 테니 한문을 잘해야 한다고요. 한국이 머지않아 세계의 중심이 되는데 그렇게 되려면 중국어를 배워야 한다고 하셨어요. 또 "건乾의 세계가 가고 곤坤의 세계가 온다"고 하셨습니다. 곤의 세계, 즉 여성의 세계가 열린다는 말씀입니다.

탄허 큰스님은 늘 새벽 2시에 일어나 간단히 씻고 정좌한 뒤 하루에 열 몇 시간씩 앉아계시곤 했어요. 그때가 한참 《화

과거에는 너도나도 대체로 가난했습니다. 요즘에는 물질적인 삶은 풍족해졌지만 옛날보다 살기 더 힘들다는 사람도 많아졌습니다. '마음을 좁게 쓰면 바늘 하나 꽂을 데가 없고, 넓게 쓰면 천하를 포용한다'는 말이 생각나는 시대입니다.

엄경》을 번역하던 시절이었는데 '도인 스님들은 다리도 안 아픈지 저렇게 종일 앉아계셔도 잘 견디시는구나' 하고 감명을 받았습니다. 누군가 먼저 묻기 전에는 결코 말씀을 안 하셨어요. 한번은 제가 "큰스님, 스님 생활을 하려면 뭐가 중요합니까?"라고 여쭤봤습니다. 그랬더니 "스님 생활 하는 데 뭐가 중요하겠느냐?"라고 반문하시면서 "가만히 생각해봐라"라고 하셨어요. 그걸 붙들고 곰곰이 생각하다가 '너무 잘하려고도 하지 말고 못하려고도 하지 말고 하루하루를 무덤덤하게 무심하게 수행하는 것'이라고 깨달았어요. 평상심 같은 것이죠.

이광재 스님 말씀만 들어도 탄허 큰스님은 범상치 않았던 분 같습니다. 스님께선 그 뒤로 어떤 수행 과정을 거쳤습니까? 줄곧 진관사에만 계신 건 아닐 텐데요.

계호 스님 1968년 청룡사에서 공부하다가 1970년 운문사에 가서 공부했습니다. 경상북도 청도에 있는 운문사는 우리나라에서 가장 큰 비구니승가대학입니다. 독성각이라고 나반존자(那般尊者·남의 도움을 받지 않고 홀로 깨달아 성인이 된 사람)가 유명한 사찰이기도 합니다. 저희 때는 그곳에서 공부하는 스님이 300명까지 있었어요. 지금은 출가자가 적어져서 100명 정도밖에 없습니다. 그곳에서 4년간 공부하고 스님 시봉을 하고 있는데 성철 스님께서 1981년쯤에 성북동 성라암에 비구니대학을 만드셨습니다. 어른 스님들께서 "비구, 비구니 스님이 같이 공부하지 말고 비구니만 공부하는 학교를 만들라" 하고 말씀하셨어요. 저도 거기 들어가서 1983년 3월에 졸업하고 운문사에서 5월부터 강의를 시작했습니다.

이광재 스님께서는 탄허 큰스님도 뵙고 성철 큰스님도 가까이서 뵌 흔치 않은 인연을 가지고 계십니다. 두 큰스님을 비교해주실 수 있나요?

계호 스님 두 분 모두 워낙 뛰어난 분들이라 비교 자체가 불가능합니다. 굳이 구분하자면 스타일이 조금 달랐던 것 같아요. 탄허 스님은 경전 공부 쪽으로 깊게 파고 드셨고 나중에 주역 공부도 하셨습니다. 유불선儒佛仙에 두루 통달한 분이셨죠. 탄허 스님께서 불교 경전을 명쾌하게 해석하셔서 그런 점을 많이 배웠습니다. 성철 스님께서는 조계종 종정을 두 번이나 하셨습니다. 화두하는 법이나 오매일여寤寐一如라고 해서 '잠자는 거나 깨어 있는 거나 똑같아야 한다'는 것도 배웠습니다. 두 분 모두 정말 배울 점이 많았습니다.

이광재 예전에 노무현 대통령께서 퇴임 후 어느 한 스님한테 이렇게 여쭤본 적이 있어요. "스님, 제가 평생 궁금한 게 하나 있었는데 대통령일 때는 차마 못 여쭤봤는데요. 태권도를 배우면 처음에는 하얀 띠였다가 빨간 띠, 까만 띠, 이렇게 올라가잖아요. 그런데 수행 생활을 하면 태권도처럼 단계별로 올라가는 것을 스스로 느끼시나요?"라고요. 계호 스님께서 생각하시기에 어떤가요?

계호 스님 스님 세계에는 일단 띠 같은 건 없고요. 그냥 무색입니다. 무색인데 물에 차츰차츰 깊숙이 젖어 드는 느낌이랄까요? 그런 게 몸으로 느껴져요. 10년 다르고 20년 다르고 30년, 40년, 50년, 그 느낌이 다 달라요. 수행도 마찬가지입니다. 평생 수행해도 깨닫지 못하는 것은 똑같겠지만 그래도 시은(施恩, 은혜를 베풂)을 알고, 염불, 참선, 다라니 기도, 기도의 주력呪力 같은 것은 그것을 하지 않은 사람과 굉장한 차이가 납니다. 이론상으로만 하는 게 아니니까요. 다른 종교도 물론 그렇겠지만 불교는 말 그대로 실천의 종교입니다. 그래서 자비와 지혜가 중요하고요. 보여주기 위한 수행이 아니라 정말로 깨달음을 얻기 위한 수행을 해야 합니다.

순리대로 흐르고 오유지족吾唯知足 하는 삶

이광재 요즘 인류의 최대 질병이 암癌이 아니라 우울증이라고 말합니다. 인간이란 존재는 늘 불만족스러워하고 불안정한 존재입니다. 수행을 잘하면 스님처럼 깨달음을 얻겠지만 평범한 사람도 뭔가 깨달아야 각자의 삶이 좀 더 풍요로워질 수 있을 것 같은데요. 보통 사람이 깨달음을 얻으려면 어떻게 해야 합니까?

계호 스님 세간의 사람들은 흐름에 따라서 사는 법을 배우면 됩니다. 물 흐르듯이 순리대로 세상을 살아야 해요. 역逆으로 가면 안 됩니다. 내리막이 있으면 오르막이 있고 힘들 때가 있으면 좋을 때도 있는 법이에요. 그것을 늘 염두에 두고 살아야 합니다. 흔히들 사바세계를 고해苦海라고 말합니다. 참고 견뎌야 하는 감인堪忍의 세계라고 할 수 있죠. 그 고해에서 나만 혼자 벗어나려고 하면 안 되고요. **세상을 살면서 때로는 좀 어렵다는 생각이 들어도 고진감래苦盡甘來, 즉 어려운 때가 지나가면 또 좋은 때가 온다는 믿음을 가져야 합니다.** 이 세상에서 살아가는 내내 처음부터 끝까지 잘되는 사람은 없습니다.

이광재 좋은 말씀입니다. 스님께서는 오랫동안 수행 생활을 하면서 많은 사람을 만나고, 많은 사람이 스님을 찾아왔을 것 같습니다. 그 사람 중에 스님께서 이런 조언을 해줬더니 정말 잘됐다, 그런 경우도 있었나요?

계호 스님 그런 경우는 없습니다. 누군가 무슨 사업을 한다고 해서 말리면 그 말을 잘 안 들어요. 세상 흐름이 안 좋을 때니까 무엇을 새로 시작하지 말라고 권해도 일을 다 벌인 다음에 와서 결과를 이야기합니다. 그렇게 다 끝나고 오면 아무 말도 해줄 수가 없습니다.

사람마다 자기한테 맞고 안 맞고가 있어요. 사업이 잘 맞는 사람도 있고 다른 직업이 더 잘 맞는 사람도 있고 그렇습니다. 무슨 일을 벌이기 전에 세상 흐름부터 먼저 살펴봐야 합니다.

수행자도 마찬가지로 자기한테 맞는 공부 방법이 있습니다. 다 달라요. 주력을 열심히 하는 이도 있고, 염불을 하는 사람은 그 길로 가야 염불삼매에 들 수 있죠. 경전도 능엄경, 능가경을 좋아하는 사람이 있고, 관음경이나 지장경을 좋아하는 사람이 따로 있습니다. 그래서 절집에는 정답이라는 게 없다고들 합니다. 팔만사천법문八萬四千法門이 모두 방편이거든요. 어차피 도달하는 지점은 깨달음, 단 하나입니다. 공부든 일이든 자기 취향에 맞게 하면 됩니다.

이광재 30~40년 전 사람들과 비교했을 때 요즘 세상 사람들은 어떻게 달라졌습니까? 과거에는 너도나도 대체로 가난했습니다. 요즘에는 물질적인 삶은 풍족해졌지만 옛날보다 살기 더 힘들다는 사람도 많아졌습니다. '마음을 좁게 쓰면 바늘 하나 꽂을 데가 없고, 넓게 쓰면 천하를 포용한다'는 말이 생각나는 시대입니다.

계호 스님 요즘 사람들은 예전보다 기다리는 일을 잘 못해요. 그만큼 속도가 너무 빠른 시대에 살고 있다는 이야기겠죠. 그래도 참고 견디는 자세가 어느 정도 필요합니다. 예전에는 느긋하게 그냥 흘러가는 대로 조금 벌면 조금 먹고 그랬는데 현재는 그런 게 없어졌습니다. 세상이 그렇게 변했죠.

따지고 보면 전부 집착과 탐욕 때문에 그러는 겁니다. 흐름

에 순응하지 않고 살다 보니 그렇습니다. 너무 욕심을 많이 부리고 있어요. '저 집이 다섯 개 가지면 난 열 개 가져야 한다.' 이런 마음을 품고 있습니다. 부처님이 마음을 비우라고 가르쳤지만 수행자도 중생도 마음을 비우지 못해서 자꾸 문제가 되고 불화가 생기는 겁니다. 막 달려가다가도 잘 안 될 때는 한 템포 늦추고 쉬어야 합니다. 그러면서 차차 생각해보는 거죠. 이 길이 내 길이 맞는지 아닌지를요. 이런 삶의 태도가 중요합니다. 긴완緊緩을 자제할 줄 아는 것. 거문고 줄도 너무 쫙 튕기면 끊어집니다. 반대로 너무 느긋하면 소리가 안 나고요.

이광재 바람이 부는 이유가 고기압과 저기압의 기압 차이 때문인데 인간의 마음에 부는 바람도 상호 비교 때문이라는 말씀이신 것 같습니다. 법정 스님이 "인생은 비교하면서 사는 게 아니다"라고 말씀하신 부분이 굉장히 와닿습니다. 부러움을 줄여야 인생이 행복하다는 말도 있고요. 하지만 남과 비교하지 않고 산다는 게 말처럼 쉬운 일은 아닙니다.

계호 스님 간단합니다. 욕심을 버리면 돼요. 오유지족吾唯知足이라고 '오직 나 자신이 스스로 만족함을 깨닫는다'는 뜻입니다. 스스로 만족하는 법을 알면 욕심은 자연스럽게 없어집니다. 집착하고 탐욕을 부리고 욕심을 내는 것은 전부 자기 마음에서 만들어내는 허상 때문이에요. 그렇게 해서 불행해지면 자작자수自作自受요, 자업자득自業自得이죠. 일체유심조一切唯心造란 말도 비슷하고요. 순리대로 살다 보면 언젠가는 복이 오기 마련입니다. 사람은 누구나 타고난 복이 있습니다.

어떤 사람들은 오유지족이란 문구를 부자富者 부적으로 만들어 쓰기도 해요. 네 글자에 모두 입 구口 자가 들어 있어서 한 글자로 쓸 수 있거든요.

이광재 한 글자로 놓고 보니까 입이 정말 중요하네요. 그런 면에서 식구食口라는 단어가 생각납니다. 같이 모여서 밥을 나눠 먹는 사람이 식구라는 뜻이니까요. 복福이라는 글자를 뜯어봐도 한 입口으로 먹을 밭田만 보이면示 행복하다는 뜻으로 읽히고요.

최고 건강식은 제철 음식, 최고 양념은 마음

이광재 먹는 이야기가 나온 김에 사찰 음식 이야기를 해볼까 합니다. 진관사에서 오래전부터 두부를 잘 만드는 걸로 이름을 떨쳤다고 하던데요. 주지 스님께서도 평소 두부 예찬론을 펼치고 사찰 음식을 널리 알려온 걸로 압니다. 70세가 넘도록 병원 신세를 한 번도 지지 않고 건강을 지키신 비결 같습니다.

계호 스님 한마디로 두부는 밥상의 보약이에요. 식물성 단백질이 풍부하죠. 암세포도 억제하고 혈액 순환에도 좋고 호르몬 작용에도 도움이 됩니다. 게다가 어떤 음식의 재료로 써도 안 어울리는 데가 없어요. 두부의 재료가 되는 콩은 비료를 따로 주지 않아도 잘 자랍니다. 저는 콩을 하늘이 땅에 내려준 선물이라고 생각해요. 원래 콩깍지 하나에 콩이 세 알씩 들어있는데, 대중이 공부를 열심히 하고 콩을 열심히 가꾸면 제석천신 帝釋天神이 감동해서 콩알을 보너스로 한두 개 더 주는 거예요. 그래서 다섯 알도 되고 네 알도 되죠. 우리에게 고마운 자연의 선물입니다.

이광재 진관사의 사찰 음식이 워낙 유명하다 보니 요리법을 배우러 오는 사람도 많고 유명 인물도 많이 다녀갔다고 들었습니다. 벨기에 왕비를 비롯한 국빈과 주한 외교사절, 외국 정치인들, 심지어 리처드 기어 같은 미국 영화배우도 방문했다고 하던데요. 그중에서 가장 화제가 됐던 인물은 조 바이든 대통령의 부인 질 바이든 여사가 아닐까 합니다.

계호 스님 2015년 7월인데 당시는 바이든이 부통령이던 시절이었죠. 그보다 1년 앞서서 백악관 부주방장이었던 샘 카스란 분이 우리 절에 찾아와서 김치 담그는 법과 콩국수 만드는 법을 배워 갔어요. 그게 인연이 돼서 진관사에 들리게 된 거죠.

질 바이든 여사가 진관사에 와서 너무 좋아하는 거예요. 원

래는 20~30분 정도 머물 예정이었는데 3시간 정도 있다가

갔습니다. 경내도 한 바퀴 둘러보고 효림원에서 차도 마시고

한참 즐겁게 얘기를 나눴어요. 마지막에 절을 떠나기 직전에

는 진관사의 모든 것이 아름답고 훌륭하다며 "한번 안아드려

도 되겠느냐"고 묻더라고요. 바이든 대통령 내외분이 방한할

기회가 있다면 꼭 다시 한 번 들러주면 좋을 것 같습니다.

이광재 바이든 대통령 내외분이 언젠가 방한하는 날이 왔으면 좋겠

습니다. 이토록 많은 사람이 진관사의 사찰 음식을 좋아하고

한국 문화로 추천하는 이유가 무엇일까요?

계호 스님 특별한 비법은 없습니다. 좋은 재료를 사용하고 오신채(파, 마

늘, 부추, 달래, 홍거. 한국에서는 홍거 대신 양파를 포함시킨다)를 넣지

않아 음식이 담백하죠. 모든 음식을 직접 만들어 대접하는 것

은 똑같아요. 다만, 제가 생각하는 **최고의 비법은 '마음'이라**

는 양념입니다. 나누는 마음, 베푸는 마음, 자비로운 마음, 지

혜로운 마음이 필요하죠. 그 마음가짐을 배우기 위해 요리하

는 분들이 우리 절을 많이 찾지 않나 생각합니다.

이광재 최고의 음식은 정성이 가득 담긴 음식이라고 하던데 그 말이

정말 맞는 것 같네요. 아까 행복과 불행도 결국 마음의 경계에

서 온다고 말씀하셨는데 그것의 가장 기본도 식食이라고 볼

수 있을 것 같습니다. 요즘처럼 코로나19가 유행할 때는 어떤

음식을 먹어야 건강에 가장 좋고, 마음에 행복이 깃들까요?

계호 스님 저는 코로나19를 자연이 인류에게 내린 경고장이라고 생각

합니다. 인간이 자연을 전부 다 파괴하고 생태계를 망가트렸

습니다. 코로나19는 일종의 업보業報입니다. 애먼 박쥐들을 죽여서 아무 데나 방치해두는 바람에 병균이 생겼으니까요. 선업善業을 쌓지 못한 인간들의 잘못입니다.

요새처럼 병에 많이 걸리는 이유는 패스트푸드를 많이 먹고 간편하게 끓여 먹는 음식만 자꾸 찾아서 그런 거예요. 자연을 닮은 음식을 먹어야 합니다. 그래야만 내 몸도 자연처럼 될 수 있어요. 내가 먹는 음식이 곧 내 몸과 내 인격을 만드는 법입니다.

식약동원食藥同源이란 말이 있습니다. 음식이든 약이든 그 근원은 서로 같다는 말입니다. 우리가 매일 먹는 음식이 약이나 다름없는데 그걸 소홀히 하면 안 되죠. 특히나 면역력을 높이기 위해서는 자연에서 나는 제철 음식을 먹어야 합니다. 그것이야말로 우리가 누릴 수 있는 최고의 음식입니다. 제가 평생 건강을 지켜온 비결이기도 하고요.

자연에서 나는 음식을 소중하게 여길 줄 알아야 합니다. 한 방울의 물에도 천지의 은혜가 깃들어 있고 한 톨의 쌀에도 만민의 노고가 깃들어 있어요. 일미칠근一米七斤이라고 쌀 한 톨에 일곱 근의 무게가 있다고 했습니다.

지혜는 자비를 먹고 자란다

이광재   힌두교에서는 사람이 평범한 삶을 살다가 가정을 꾸려 어느 정도 경제적 안정을 이루면 바깥에서 수행 생활을 하고 다시 돌아와서는 제자들을 키우고 나중에는 다시 나가서 생을 마감하는 식의 네 단계로 인간의 삶을 이야기합니다. 마지막으로 자신이 죽을 때 금반지 하나를 시신 태울 장작 값으로 남겨놓고요. 이렇게 인생을 정의하는 것을 보고 느낀 바가 참 많았습니다. 주지 스님께서는 인간의 삶을 어떻게 정의하고 싶으신가요?

계호 스님 사람이 평생을 살면서 필요한 게 딱 두 가지가 있습니다. 자비와 지혜를 실천하는 거예요. 자비는 중생에게 즐거움을 주고 중생의 고통을 없애주는 지극한 마음을 의미하고, 지혜는 삶의 이치를 터득하고 사리 분별을 정확히 할 줄 아는 능력을 말합니다. 모든 사람을 포용할 수 있는 따뜻함이 자비의 힘입니다. 자비를 발휘하려면 이치와 사리에 밝아야 하니 이것이 지혜의 힘이라 할 수 있어요.

예를 들어 우리가 콩 한 쪽을 갖고 3,000명이 나눠 먹으면 어떻게 될까요? 불가에선 그래도 한 쪽이 남는다고 합니다. 왜냐하면 서로 양보하니까요. 배려하고 양보하는 마음이 자비입니다. 지혜는 자비를 먹고살아요. 자비라는 마음이 있어야 지혜가 발동할 수 있습니다. 지혜와 자비가 마치 새의 두 날개처럼 나란히 가야 합니다. 지혜만 있어도 안 되고 자비만 있어도 안 됩니다. 기찻길의 두 레일 중에 하나만 비뚤어져도 기차가 탈선하듯 두 가지를 고루 갖춰야 하죠. 수행하는 사람들뿐만 아니라 속세 사람들도 이 두 가지를 잘 배워서 실천하는 것이 중요합니다.

이광재   자비, 지혜의 말씀을 들으니까 아까 스님께서 '물 흐르듯이 살라'는 말씀이 이해가 되네요. 물이라는 게 산을 만나면 돌아서 가고 웅덩이가 있으면 채워져야 다음 단계로 넘어 갑니다. 물이 땅 밑으로 스며들면 풀과 나무를 자라게 해주고요. 어떤 때는 남을 도와서 자비를 베풀기도 하고, 어떤 때는 지혜롭게 때를 기다리는 셈이죠. 그렇게 흘러가다 보면 가장 낮은 곳에서 바다를 만나는데 그곳에 결국 물이 가장 많이 모이게 되죠.

계호 스님   그래서 자비와 지혜가 중요하다고 말씀드린 겁니다. 열 사람이 줄을 지어 가고 있는데 가만 보니까 차례차례 물속에 빠지게 생겼단 말이에요. 그걸 보고 그 줄을 따라가면 되겠어요, 안 되겠어요? 상황을 잘 판단하고 그 뒤를 따라가면 안 되죠. 그게 바로 지혜예요. 더 나아가서 물에 빠지려는 사람들을 잘 설득해서 스스로 빠지지 않도록 돕는 것이 자비고요. 이렇듯 자비와 지혜가 없으면 사람이 인색하고 옹졸해집니다. 심지어 체취도 바뀌고 관상觀相도 바뀌어요. 심상心相이 좋으면 마음을 잘 쓰게 되고 그러면 얼굴도 좋게 달라지죠. 상대에게 베풀면 그 순간 상대는 '또 다른 나'가 되는 거예요. 그 '또 다른 나'를 남이라 생각하지 않는 것이 더불어 사는 이치이고요.

　　우리는 자연의 이치를 배워야 합니다. 이 의원님이 물 이야기를 했는데 사람은 물과 땅, 하늘과 자연에서 삶의 지혜를 배워야 합니다. 이것이 무위자연의 도道입니다. 알고 보면

별게 아니예요. 음식도 마찬가지로 최고의 맛은 자연이 깃들어 숨 쉬는 담백한 맛, 자연 그대로의 맛입니다.

이광재 정치도 물 흐르듯이 자연스럽게 되면 좋을 텐데요. 이번에 4·7 재보선에서 더불어민주당이 국민한테 큰 회초리로 세게 야단을 맞았습니다. 어떻게 해야 다시 민심을 얻을 수 있을까요? 어떻게 하면 지혜와 자비를 정치에서도 실천할 수 있을까요?

계호 스님 국민을 기쁘게 하려면 먼저 밥을 배불리 먹을 수 있게 해야 합니다. 먹고사는 문제, 의식주 문제를 잘 해결해줘야 합니다. 그게 언제나 첫 번째가 돼야 해요. 왜냐하면 밥은 몸이고 몸은 곧 생명이거든요. 법은 영혼이고 정신인데 그보다 생명이 먼저이니까요. 그러니 사람이 세상을 살아가면서 식이 선先이 돼야 하고 법 위에 밥이 있어야죠. 선식치 후약치先食治 後藥治라고 했습니다. 국민에 위안과 치유를 주기에 앞서 식食부터 시

작해야 합니다. 약藥에 해당하는 도리나 윤리, 법과 질서는 그
다음 처방법이고요.

정치도 마찬가지입니다. 자기 밥그릇 싸움만 하지 말고 국
민을 위하는 정치를 해야 합니다. 민심을 얻으려면 자기 밥그
릇 키울 생각은 그만하고 국민에 진심으로 다가가야 합니다.
사람들이 정치인이란 존재를 '강이 없는 데 다리 놔준다고 하
는 사람'으로 생각하잖아요. 정치가 신뢰를 잃은 거고 사람들
이 등을 돌리는 겁니다. 대중에 믿음을 줘야 해요. 의식주 문
제를 해결해주고 진심으로 다가서면 맛있는 음식에 손이 한
번 더 가듯이 정치인을 향한 마음도 한 번 더 돌릴 수 있습니
다. 이런 마음이 모이면 천심이 되는 것이죠.

이광재 진심과 민심, 천심이 삼위일체가 돼야겠네요. 진심을 다해서
민심에 다가서면 천심을 얻게 될 것 같습니다. '국민의 먹고
사는 문제에 집중하고, 빈부격차를 줄이고, 사회 전체적으로
나누고 베풀면 행복한 사회가 될 것이다. 그 바탕은 자비와
지혜'라고 정리할 수 있겠습니다. 그런데 스님, 복福은 어떻게
하면 더 많이 생길까요?

계호 스님 석복惜福, 작복作福, 수복受福을 해야 합니다. 첫째로 복을 아낄
줄 알아야 하고, 둘째로 복을 스스로 지어야 하고, 마지막으로
복을 잘 받아야 합니다. 복이 있을 때 함부로 복을 쓰지 않도
록 해야 합니다. 복이 생길 일을 자꾸 만들어야 복을 더 받는
겁니다.

특히 남에게 복을 더 많이 베풀수록 자기 복이 늘어나요.

베푼 만큼의 만 배가 자신에게 돌아온다고 했습니다. 그것도 작복의 방법 중 하나고요. 사람들은 자꾸만 자기 것을 채우려고만 하는데 복을 채우려면 먼저 남에게 베풀어서 자기 것을 비워야 다시 또 채울 수 있다는 원리를 깨달아야 합니다.

이광재 마지막 질문을 드리겠습니다. 많은 사람이 지금 이 순간에도 삶을 힘들어합니다. 코로나19 때문에 힘들고 젊은이들은 앞 세대의 기득권 때문에 자기들이 피해를 본다고 생각하고요. 있는 사람도 불안하고 없는 사람도 불만에 차 있죠. '내가 제일 불행하다'는 심리 상태가 사회 전반에 깔려 있는 것 같습니다. 이런 위기 속에서 한 개인이 지혜롭게 사는 길은 무엇이고, 한 사회가 지혜롭게 가는 길은 무엇일까요?

계호 스님 아까도 잠깐 말씀드렸지만, 세상의 흐름에 따라서 같이 흐르려고 해야 합니다. 어려울 때는 같이 어렵다고 생각할 줄 아는 지혜로움을 갖추고, 좋을 때는 내가 가진 것을 남에게 베풀어 주는 자비심을 가져야 합니다. 올라가고 내려가는 삶의 이치에 편승하면서 현명하게 산다면 행복은 금방 습관이 됩니다.

사회적으로는 대중심大衆心을 갖고 살았으면 좋겠어요. 나 혼자라는 독불장군 같은 편협한 생각을 하지 말아야 합니다. 콩 한 쪽도 나눠 먹겠다는 마음으로 주변을 대하고 함께 더불어 사는 방법을 생각해야 합니다. '아, 이 세상에는 나 혼자가 아니고, 저 사람이 있어서 고맙다'라고 생각할 줄 알아야 합니다. 마찬가지로 공부도 일도 구석에서 혼자 독 살이 하지 말고 열린 공간에서 다 함께해야 합니다. 그래야 우울증에 걸리지 않고 마음이 더욱 풍성해집니다.

이광재 많은 사람이 그저 위로 올라가려고만 생각합니다. 누구나 언젠가 내려오게 돼 있는데도 말이에요. 올라가는 것도 힘들지만 내려갈 때 잘 내려갈 수 있도록 준비할 필요가 있다고 봅니다. 올라갔을 때 주변에 베풀고 나누면서 내려갈 때 자신을 되돌아보고 새로운 기회를 기다리는 지혜를 발휘할 줄 아는 사람이 돼야겠다는 생각이 드네요. 물론 우리 사회도 그렇게 됐으면 좋겠고요.

오늘은 절 이름처럼 너그러움이 두루 모이는 진관사의 계호 스님께 좋은 말씀 많이 들었습니다. 우리 삶에 보탬이 될 이야기를 많이 해주셔서 두 손 모아 감사드립니다.

 이광재의 미래 노트

민심을 읽고 진심을 다하는
지혜를 발휘하자

'법보다 밥이 먼저'라는 계호 스님의 말씀처럼 국민이 먹고사는 문제를 걱정하지 않도록 만드는게 정치, 정치인이 해야 할 일이다. 일자리, 주거문제를 먼저 챙겨서 국민이 안전하고 안정적인 삶을 살 수 있도록 해야 한다.

하나, 국민의 의식주를 먼저 챙기는 정치를 하자.
계호 스님과의 대담을 통해 '정치인은 강 없는 곳에 다리 놓아준다'라는 말이 나올 정도로 신뢰를 잃은 현실 정치의 문제를 절감했다. 또한 국민을 배불리 먹이고 의식주를 먼저 챙겨서 풍요로운 삶을 영위할 수 있도록 하는 것을 정치의 최우선 과제로 삼겠다고 다짐했다.

둘, 가슴은 따뜻하게, 머리는 맑게 평상심을 유지하려면…

'따뜻함은 자비이고, 밝음은 지혜이다'라는 계호 스님의 말씀에 가슴을 따뜻하게 하고 머리는 맑게 하면 평상심을 유지하는 행복한 삶을 살 수 있을 것이라고 화답했다. 그러기 위해서는 '남과 비교하지 않고, 부러움을 줄이는 것'이 인생을 행복하게 사는 비법이라고 이야기했다.

셋, 순리대로 사는 삶, 역으로 가지 말고 물 흐르듯이 살자.

'자비'와 '지혜'의 원리를 물살의 흐름에서 깨달았다. 물은 산을 만나면 돌아서 가고, 웅덩이가 있으면 웅덩이를 채워야 다음 단계로 가며 물이 땅 밑으로 스며들면 풀과 나무를 자라게 해주는 등 흐르는 동안 자비와 지혜를 발휘한다고 해석했다. 이렇듯 흐름에 따르고 순리에 따라 사는 삶이 일반 대중이 깨달음을 얻는 방법이라는 계호 스님의 말씀에 공감했다.

세계의 미래를
가장 먼저 만나는 대한민국
우리 모두가 별처럼 빛나는 나라

이광재 엮음

초판 1쇄 2021년 6월 10일 발행

ISBN 979-11-5706-234-8 (03300)

만든 사람들

책임편집	배소라
편집도움	이형진 오현미
디자인	캠프커뮤니케이션즈
마케팅	김성현 최재희 김규리
인쇄	한영문화사

펴낸이	김현종
펴낸곳	(주)메디치미디어
경영지원	전선정 김유라
등록일	2008년 8월 20일 제300-2008-76호
주소	서울시 종로구 사직로 9길 22 2층
전화	02-735-3308
팩스	02-735-3309
이메일	medici@medicimedia.co.kr
페이스북	facebook.com/medicimedia
인스타그램	@medicimedia
홈페이지	www.medicimedia.co.kr